LA MORAL CRISTIANA ES UN CAMINO

JUAN LUIS LORDA

LA MORAL CRISTIANA ES UN CAMINO

EDICIONES RIALP
MADRID

© 2026 *by* Juan Luis Lorda
© 2026 *by* EDICIONES RIALP, S. A.,
   Manuel Uribe 13-15 - 28033 Madrid
   (www.rialp.com)

Preimpresión: www.produccioneditorial.com

ISBN (edición impresa): 978-84-321-7308-0
ISBN (edición digital): 978-84-321-7309-7
ISBN (edición bajo demanda): 978-84-321-7310-3
ISNI: 0000 0001 0725 313X
Depósito legal: M-26638-2025
Impreso en Anzos, S. L., Fuenlabrada (Madrid)

ÍNDICE

PRESENTACIÓN

Este pequeño libro nació para ser la parte moral de un Catecismo de Adultos. Por eso está bastante inspirado en el *Catecismo de la Iglesia Católica*, que es un compendio maravilloso de sabiduría. Se trataba de transmitir el conjunto de la moral cristiana en un relato breve y coherente. Como aquel catecismo no salió, reelaboré, poco a poco, esta parte, intentando expresar la belleza y la lógica de la vida cristiana.

1.
EL EVANGELIO ES UN CAMINO
DE CONVERSIÓN

«Convertíos y creed en el Evangelio» (Mc 1,15).

«La vida moral es la respuesta del amor a las iniciativas del amor de Dios» (CEC 2002)[1].

QUÉ ES LA MORAL CRISTIANA

La palabra moral, como todas las palabras importantes, está muy desgastada por el uso. Es mejor cambiarla por otras equivalentes, como formas o ideales de vida. Pues bien, la forma y el ideal de vida cristiana consiste en vivir como Cristo y en Cristo. Nada menos.

A veces tenemos una idea pobre y superficial de la moral cristiana y pensamos que consiste en una serie de mandamientos y prohibiciones. Pero la tercera parte del *Catecismo de la Iglesia Católica*, dedicada a la moral, se llama: "La vida en Cristo". Y es una excelente definición: la moral cristiana no es un conjunto de normas, sino una nueva manera de vivir en Cristo.

----

[1] "CEC" es la abreviatura para el *Catecismo de la Iglesia Católica*.

El Catecismo añade que se trata de vivir «como hijos de Dios, renovados por el Bautismo»[2]. Recibimos los sacramentos cristianos, el Bautismo, la Confirmación y la Eucaristía, precisamente para renacer en Cristo y poder vivir en Él y como Él. Jesús mismo dice: «Yo soy el camino, la verdad y la vida» (*Jn* 14,6). Él es el *camino* para vivir cristianamente; la *verdad* que ilumina ese camino; y la nueva *vida* con el Espíritu Santo que impulsa a vivir como hijos de Dios.

> La palabra "moral" viene del latín ("*mores*" = "costumbres"). Es equivalente a la palabra "ética", que viene del griego ("*ethos*" = costumbre o forma de vivir). Vienen a significar lo mismo: la doctrina sobre las costumbres o la forma humana de vivir. La ética filosófica reflexiona sobre cómo vivir bien con lo que puede alcanzar la razón. En cambio, la moral cristiana tiene su origen y modelo en Cristo: «Siguiendo a Cristo y en unión con él (cfr. *Jn* 15, 5), los cristianos pueden ser imitadores de Dios, como hijos queridos y vivir en el amor» (*Ef* 5, 1), conformando sus pensamientos, sus palabras y sus acciones con «los sentimientos que tuvo Cristo» (*Flp* 2, 5) y siguiendo sus ejemplos (cfr. *Jn* 13, 12-16) (CEC 1694).

Los cristianos tratamos de vivir en Cristo y de seguirle, imitando su ejemplo y practicando sus enseñanzas[3]. Los Evangelios nos muestran sus aspiraciones, sus reacciones y su entrega, para que le podamos imitar. Además, Él mismo nos enseñó cómo teníamos que vivir, principalmente en algunos discursos y parábolas morales.

---

[2] CEC 1696.
[3] CEC 1694.

Como declaró Juan Pablo II: «Seguir a Cristo es el fundamento esencial y original de la moral cristiana» (*Veritatis splendor*, 20). Y la Pontificia Comisión Bíblica: «En el corazón de la Nueva Alianza, Jesús dice de sí mismo: "Yo soy el camino, la verdad y la vida" (Jn 14,6). Condensa por lo tanto en su persona y en su misión toda la dinámica liberadora de Dios y también, en algún sentido, toda la moral (...). Hugo de San Víctor expresaba esta intuición con una fórmula incisiva: "Toda la divina Escritura es un libro solo y este único libro es Cristo"» (*De arca Noe*, II, 8)[4].

EL CAMINO DE CRISTO

El rasgo más importante de Cristo es el deseo de *cumplir en todo la voluntad de Dios Padre*. La vida entera de Jesucristo está marcada por este deseo. También nosotros expresamos ese deseo en la oración que nos enseñó, el Padrenuestro: «Hágase tu voluntad, en la tierra como en el cielo». Queremos que se cumpla plenamente la voluntad de Dios en nuestras vidas. Estamos seguros de que esto es lo mejor para nosotros porque Dios es nuestro Creador y nuestro Padre, nos conoce y nos ama.

La enseñanza de Cristo (Cristo maestro) la encontramos en tres grandes pasajes de los Evangelios:

1) El *primer mandamiento*. Al ser preguntado sobre qué mandamiento es el más importante (*Mt* 22, 37-40), Jesús repitió un pasaje de la Biblia que los judíos piadosos recitaban cada día: «Amarás al Señor, tu Dios, con todo tu corazón, con toda tu alma y con toda tu mente. Este

---

[4] Pontificia Comisión Bíblica, *Biblia y moral* (2008), 5.

es el mayor y primer mandamiento» (*Mt* 22, 37-38). Y añadió: «El segundo es semejante a este: "Amarás a tu prójimo como a ti mismo. De estos dos mandamientos penden toda la Ley y los Profetas"». Así declara que toda la enseñanza moral de la Biblia se resume en estos dos mandamientos; amar a Dios y amar al prójimo.

2) El *Sermón de la Montaña* (*Mt* 5 a 8). En esta larga predicación el Señor comenta varios mandamientos del Decálogo, que son el centro de la Ley judía. Comienza con las Bienaventuranzas, que después comentaremos; enseña a amar incluso a los enemigos; y muestra cómo tiene que ser la oración cristiana.

3) El *Mandamiento nuevo*. Según el Evangelio de san Juan, en la Última Cena, Cristo dio "un mandamiento nuevo" a sus discípulos: «Amaos los unos a los otros como yo os he amado; que como yo os he amado, así os améis también vosotros los unos a los otros. En esto conocerán que sois mis discípulos: si os tenéis amor los unos a los otros» (*Jn* 13, 34-35; 15, 12-17). Con esto, el Señor enseñó cómo quería que fuera la Iglesia y de qué forma tiene que crecer en el mundo. La primera Carta de san Juan contiene un precioso comentario a este mandamiento nuevo.

Otras muchas enseñanzas del Señor están repartidas por los Evangelios. Especialmente en las parábolas. Enseña cómo es el amor de Dios en la parábola del hijo pródigo (*Lc* 15, 8-10); cómo tenemos que tratarle, en la parábola del fariseo y el publicano (*Lc* 18, 9-14); quién es nuestro prójimo, en la parábola del buen samaritano (*Lc* 10, 30-37). En otras, enseñó que hay que tener el corazón limpio (*Lc* 11, 33-36) y evitar la hipocresía (*Lc* 6, 41-42).

LA CONVERSIÓN, ELECCIÓN ENTRE DOS CAMINOS

Vivir en Cristo exige una verdadera conversión: cambiar de personalidad, de estilo, y la orientación entera de la vida. «Despojaos del hombre viejo... revestíos del hombre nuevo» (*Ef* 4, 22–24). Mientras la inclinación espontánea de cada uno es vivir centrado en sí mismo, Cristo nos enseña a vivir de cara a Dios y de cara a los demás.

No se puede decir que una persona ha entendido el mensaje de Jesucristo hasta que no cae en la cuenta de que necesita convertirse, cambiar radicalmente su manera de vivir. Y esto no se hace en un día; es un proyecto para todos los días. San Pablo pide a los discípulos de Éfeso:

Despojaos en cuanto a vuestra vida anterior del hombre viejo que se corrompe siguiendo la seducción de las concupiscencias, renovad el espíritu de vuestra mente y revestíos del Hombre nuevo, creado según Dios, en la justicia y santidad de la verdad. Por tanto, desechando la mentira, decíos la verdad unos a otros (...). El que robaba que ya no robe, sino que trabaje en algo útil para que pueda ayudar al que pasa necesidad; (...). Toda amargura, ira, cólera, gritos, maledicencia y cualquier clase de maldad desaparezca de entre vosotros (...). Vivid en el amor, como Cristo os amó y se entregó por vosotros (...). La fornicación y toda impureza y codicia ni se mencione entre vosotros como conviene a los santos (...). En otro tiempo fuisteis tinieblas, pero ahora sois

15

luz en el Señor; pues el fruto de la luz consiste en toda bondad, justicia y verdad (*Ef* 4, 22-5, 9).

En la tradición cristiana y judía, se habla de "dos caminos" o dos formas de vivir[5]. Se lee en la Biblia: «Hoy pongo delante de ti la vida y el bien, la muerte y el mal» (*Dt* 30,15). Lo usa el Señor, comparando el camino estrecho y el camino ancho (*Mt* 7, 13-14); y lo usa también la catequesis cristiana desde el principio. En el libro de doctrina cristiana más antiguo que conservamos, la *Didaché* o Doctrina de los Apóstoles, nos encontramos la misma doctrina que la Iglesia enseña hoy.

> Hay dos caminos, uno de vida y otro de muerte, y son muy diferentes. El camino de la vida es este: Primero amarás al Dios que te creó; después al prójimo como a ti mismo. Y lo que no quieres que te hagan no lo harás a los demás (...). La explicación de estas palabras es: Bendecid a los que os maldicen y rezad por vuestros enemigos, incluso ayunad por los que os persiguen: pues ¿qué mérito tendría si sólo amáis a los que os aman? ¿No hacen esto también los paganos? Vosotros amad a los que os aborrecen y no tengáis enemigos (...). El segundo mandamiento de la doctrina es: No matarás, no adulterarás, no corromperás a los jóvenes, no fornicarás, no robarás, no matarás al hijo en el seno de su madre, ni quitarás la vida al recién nacido, no codiciarás los bienes del prójimo, no jurarás en falso, no levantarás falso testimonio, no calumniarás, no guardarás rencor, no serás doble ni de mente ni de lengua (I, 1-3; II 2-4).

---

[5] CEC 1696.

Los ideales de la moral cristiana chocan con los ideales del egoísmo que nos parecen normales: vivir para sí mismo y preocuparse de sí mismo. Descubrir de verdad a Cristo provoca una crisis. Son dos modos de entender el fin de la existencia y la felicidad. El contraste se aprecia en las Bienaventuranzas.

El Señor bendice y promete la felicidad terrena y eterna a los discípulos que sepan vivir siendo pobres de espíritu, mansos, misericordiosos y limpios de corazón; les pide que tengan hambre y sed de justicia, que busquen siempre la paz entre los hombres, y que sean fieles a este camino cristiano a pesar de incomprensiones o persecuciones, que pueden hacerles sufrir y llorar. Está claro que el Reino de Cristo "no es de este mundo".

> Bienaventurados los pobres de espíritu, porque de ellos es el Reino de los Cielos.
> Bienaventurados los mansos porque ellos poseerán en herencia la tierra.
> Bienaventurados los que lloran, porque ellos serán consolados.
> Bienaventurados los que tienen hambre y sed de justicia, porque ellos serán saciados.
> Bienaventurados los misericordiosos, porque ellos alcanzarán misericordia.
> Bienaventurados los limpios de corazón, porque ellos verán a Dios.
> Bienaventurados los que buscan la paz, porque ellos serán llamados hijos de Dios.
> Bienaventurados los perseguidos por causa de la justicia, porque de ellos es el Reino de los cielos.

Bienaventurados seréis cuando os injurien, os persigan y digan con mentira toda clase de mal contra vosotros por mi causa. Alegraos y regocijaos porque vuestra recompensa será grande en los cielos (*Mt* 5,3-12).

A san Francisco de Asís le gustaba ver que estos son los rasgos de Cristo. Él fue y es "manso y humilde de corazón", pobre de espíritu y misericordioso, amó la justicia, y fue perseguido por ser fiel a su misión.

> «Las bienaventuranzas dibujan el rostro de Jesucristo y describen su caridad; expresan la vocación de los fieles asociados a la gloria de su Pasión y de su Resurrección; iluminan las acciones y las actitudes características de la vida cristiana; son promesas paradójicas que sostienen la esperanza en las tribulaciones; anuncian a los discípulos las bendiciones y las recompensas ya incoadas; quedan inauguradas en la vida de la Virgen María y de todos los santos» (CEC 1717). «Las bienaventuranzas nos colocan ante elecciones decisivas respecto a los bienes terrenos; purifican nuestro corazón para enseñarnos a amar a Dios por encima de todo» (CEC 1728).

Cuando se descubre este horizonte, cambian a las personas y viven a la luz de Cristo: «Despierta tú que duermes y levántate de entre los muertos y te iluminará Cristo» (*Ef* 5, 14). También los lleva a dar testimonio. En el Sermón de la Montaña, después de las Bienaventuranzas, el Señor dijo: «Vosotros sois la sal de la tierra (...), vosotros sois la luz del mundo (...) brille así vuestra luz ante los hombres para que vean vuestras buenas obras y glorifiquen a vuestro Padre que está en los cielos» (*Mt* 5, 13-16).

La verdad y la belleza de este camino se contempla en quienes mejor la viven, los santos. Transparentan la figura de Cristo y muestran cómo debe ser el amor de Dios. Son un testimonio vivo que nos admira e invita a seguirlo.

Además, esta manera de vivir responde a los deseos más íntimos del alma humana. Por eso, el que procura vivirla siente una gran alegría, huella y anticipo de la felicidad eterna: «El fruto del Espíritu —dice san Pablo— es amor, alegría, paz, paciencia, afabilidad, bondad, fidelidad, modestia, dominio de sí» (*Ga* 5, 22).

Pero no podemos hacerlo solos. Es superior a nuestras fuerzas. Sólo lo conseguimos uniéndonos humildemente a Cristo por el Espíritu Santo. El Señor lo explicó así: «Yo soy la vid, vosotros los sarmientos. El que permanece en mí y yo en él, ese da mucho fruto, porque sin mí no podéis hacer nada (...). La gloria de mi Padre está en que deis mucho fruto y seáis mis discípulos» (*Jn* 15, 8)[6].

Entramos en la vida cristiana por el Bautismo, llegamos a su plenitud en la Confirmación y la Eucaristía; y caminamos apoyándonos en los sacramentos (Eucaristía, Penitencia), iluminados por la doctrina de Jesucristo, poniendo nuestra esperanza en Dios Padre, que es el fin de nuestra vida, y animados interiormente por la caridad del Espíritu Santo.

Lo que vamos a ver

Este camino cristiano se puede exponer de muchas maneras. Tradicionalmente, se usa el esquema los diez

---

[6] CEC 2074.

mandamientos (Decálogo), que el Señor resumió en amar a Dios y amar al prójimo. En este libro veremos cómo ha de ser nuestra conducta:

— En relación con Dios (capítulo 2)
— En relación con el prójimo:
  – con los demás hombres, que son imágenes de Dios (3)
  – con la vida humana, que es sagrada (4)
  – con la familia, que es el núcleo de la convivencia humana (5)
  – con la sociedad, que es una comunión de personas (6)
— En relación con uno mismo: el estilo de vida personal (7).

Después, veremos cómo son la conciencia, la libertad y la conversión por la gracia (8).

Por último, explicaremos el Decálogo (9), desarrollando con algún detalle lo que manda y prohíbe cada uno de los Diez Mandamientos (10). Nos servirá para resumir y repasar todo.

La vida cristiana se puede representar como un triángulo. Tiene un vértice o cima a la que todo apunta, que es vivir amando a Dios como Padre sobre todas las cosas y al prójimo como Cristo nos ama. Tiene un límite inferior, que son los pecados que hay que evitar. Y tiene un centro, que es el corazón de Cristo. El cristiano aprende a amar a Dios Padre y a los demás, en el corazón de Cristo.

2.
AMARÁS A DIOS CON TODO EL CORAZÓN

> *«En esto consiste el amor: no en que nosotros hayamos amado a Dios, sino en que Él nos amó primero»* (1 Jn 4,10).

> *«La fe en Dios nos lleva a recurrir a Él y a adorarlo como nuestro Señor. La esperanza en Él nos hace desear y esperar en su Reino. El amor a Dios nos mueve a quererlo por sí mismo y a vivir en conformidad con su voluntad»* (CEC 2093).

El rostro de Dios que Jesucristo nos ha revelado

Al final del prólogo al Evangelio de san Juan, se lee: «A Dios nadie le ha visto nunca, el Hijo Unigénito que está en el seno del Padre nos lo ha revelado» (*Jn* 1, 18).

Se puede alcanzar cierto conocimiento de Dios por diversas vías: al admirar la naturaleza o al adentrarse en las profundidades de la conciencia humana. Además, Dios se ha revelado en la historia de Israel, estableciendo una Alianza, y, sobre todo, llegada la plenitud de los tiempos (cf. *Ga* 4, 4), se ha manifestado plenamente en su Hijo, Jesucristo: «Nadie conoce al Padre, sino el Hijo y aquel a quien el Hijo se lo quiera revelar» (*Mt* 11, 26).

El Hijo nos muestra el verdadero rostro de Dios y nos enseña a tratarle como "Padre". Es una revelación formidable saber que Dios es Padre, que Cristo es su Hijo y que nos da su Espíritu Santo. Los cristianos creemos que la explicación de toda la realidad está en Dios, que es bueno, que quiere salvarnos y hacernos hijos suyos. Es la clave de nuestra existencia y de nuestra esperanza. Si Dios es así, es lógico que se nos pida amarle con todo el corazón, con toda el alma y con toda la mente.

La moral cristiana parte de un Dios que ama. Por eso, se resume en el amor a Dios y al prójimo. Son los mandamientos principales, como hemos dicho. Porque hay un Dios bueno que ha creado el mundo, los cristianos procuramos amar a Dios, amar el mundo que ha creado y, también, a cada persona, que es "imagen de Dios". Lo resume así un antiguo texto cristiano:

> Si tú anhelas esta fe y la acoges, conocerás ante todo al Padre. En efecto, Dios ha amado a los hombres. Para ello hizo el mundo; les sometió todo lo que hay en la tierra; les dio razón e inteligencia; sólo a ellos permitió mirar hacia el cielo; los plasmó de su propia imagen; les envió a su Hijo unigénito; les prometió el Reino del cielo y lo dará a quienes lo aman. ¿Sospechas de qué alegría serás llenado cuando lo conozcas?, ¿o cómo amarás al que te ha amado antes? Cuando lo ames, serás imitador de su bondad. No te asombres de que un hombre llegue a ser imitador de Dios. Puede, porque Él lo quiere (*Epístola a Diogneto*, X, 1-4).

Quien no conoce el rostro de Dios, no lo puede amar. Quien no tiene esta fe puede pensar que el fondo de la realidad es solo materia o algo impersonal o quizá maligno.

Entonces no hay razones muy fuertes para amar a los demás ni al mundo. No es seguro que sean buenos. Parece más seguro intentar sobrevivir y estar por encima de los demás o quizá al margen. Sin la revelación de Dios no conocemos con seguridad el origen, el sentido y el destino del mundo, ni lo que hay más allá de la muerte, ni lo que se espera de nosotros en esta vida.

En la cultura occidental, junto a una tradición de fe, ha crecido en los últimos siglos una corriente crítica hacia la moral cristiana y hacia la misma idea de Dios. Hay un gran deseo de superarla, unido a cierto resentimiento, que produce una crítica anticristiana con frecuencia injusta. Tiene varios motivos intelectuales, morales e históricos. Sienten como un peso las afirmaciones de la fe; y como un límite las obligaciones de la moral cristiana; también irrita, a veces, la misma presencia de la Iglesia. Unos quieren superar la moral cristiana, porque les parece represiva. Otros argumentan que la libertad humana sólo puede ser plena si Dios no existe, porque si existe nos condiciona.

Muchas personas viven envueltas en climas muy críticos con el cristianismo y no lo ven como es. No conocen el amor de Dios, que es el marco de la moral cristiana y el motivo de su esperanza y alegría. Esto les oculta el rostro de Dios y les impide encontrarlo. Deberían verlo en los cristianos, pero no lo ven. En parte, por los errores y falta de testimonio de los cristianos. En parte, por sus propios prejuicios. Las dos cosas se mezclan. En el Sermón de la Montaña el Señor dijo a sus discípulos: «Vosotros sois la luz del mundo (...); brille así vuestra luz delante de los hombres, para que vean vuestras buenas obras y glorifiquen a vuestro Padre que está en los cielos» (*Mt* 5, 14-16). A veces, falta ese brillo que es de los santos. Todos los cristianos deberíamos ser santos. Si no, ocultamos el rostro de Dios a los demás.

CON TODO EL CORAZÓN, CON TODA EL ALMA Y CON TODA LA MENTE

El Señor dijo que el mandamiento más importante consiste en amar a Dios «con todo el corazón, con toda el alma y con toda la mente» (*Mt* 22, 37-38). Es lógico que sea así, puesto que Dios es la fuente de toda bondad. «Dame, hijo, tu corazón y que tus ojos miren mis caminos» (*Prov* 23, 26).

Al mismo tiempo, parece muy difícil o incluso imposible lograrlo con las fuerzas humanas tan limitadas. En realidad, sólo podemos conseguirlo con la ayuda de Dios, porque «Él nos ha amado primero» (*1 Jn* 4, 19), como le gustaba recordar al papa Francisco. Dios va por delante, nos "primerea" (se inventó esa palabra). Sólo porque Dios nos ayuda y nos da su amor podemos amarle.

Para amar a Dios como merece, necesitamos conocerlo en profundidad (fe); necesitamos que el Espíritu Santo encienda nuestro amor (caridad); y así dirigimos a Él nuestras aspiraciones de salvación (esperanza).

Las tres cosas se desarrollan a la vez: un mayor conocimiento alienta el amor y concentra en Dios las esperanzas y los fines de la vida. Se ama algo cuando se conoce y se descubre que es muy bueno. Dios es lo mejor y, en realidad «sólo Dios es bueno» (*Mc* 10, 18); por eso es lo que más merece ser amado. Lo descubrimos poco a poco, cuando escuchamos la Palabra de Dios con espíritu bien dispuesto y cuando la meditamos en la oración.

No se trata de un conocimiento teórico, sino más bien de una experiencia basada en la fe de que "Dios es amor" y sólo puede entenderlo el que ama. En una ocasión, Jesucristo exclamó: «Yo te bendigo, Padre, Señor del cielo y de la tierra, porque has ocultado estas cosas a sabios e inteligentes y se las has revelado a pequeños. Sí, Padre, pues tal ha sido tu beneplácito. Todo me ha sido entregado por Mi Padre y nadie conoce al Hijo sino el Padre ni al Padre le conoce nadie sino el Hijo y aquel a quien el hijo se lo quiera revelar» (*Mt* 11, 25-27).

El amor del Padre se transparenta en el Hijo, que se ha hecho hombre «para que conociendo a Dios visiblemente él nos lleve al amor de lo invisible», como dice el hermoso prefacio de Navidad. Toda la vida de Cristo, todo su comportamiento, es manifestación del amor de Dios, pero especialmente su entrega, que llega hasta la muerte en la cruz:

> Dice san Juan en su Evangelio: «Tanto amó Dios al mundo que dio Hijo unigénito para que todo el que crea en él no perezca, sino que tenga vida eterna. Porque Dios no ha enviado a su Hijo al mundo para juzgar el mundo, sino para que el mundo se salve por él» (*Jn* 3,16-17). Y en su Primera Carta: «En esto hemos conocido lo que es el amor: en que él dio su vida por nosotros, también nosotros debemos dar la vida por los hermanos» (*1 Jn* 3, 16).

El amor de Dios es capaz de llegar hasta la cruz. Además, desde la cruz, el Hijo no pidió venganza, sino que pidió perdón para los hombres: «Perdónales porque no saben lo que hacen» (*Lc* 23, 34). Ninguna palabra, ninguna imagen revela más lo que es el amor de Dios. Esta idea inspira el famoso soneto:

No me mueve, mi Dios, para quererte
el cielo que me tienes prometido,
ni me mueve el infierno tan temido
para dejar por eso de ofenderte.

Tú me mueves, Señor, muéveme el verte
clavado en una cruz y escarnecido,
muéveme ver tu cuerpo tan herido,
muévenme tus afrentas y tu muerte.

Muéveme, al fin, tu amor, y en tal manera,
que, aunque no hubiera cielo, yo te amara
y aunque no hubiera infierno, te temiera.

No me tienes que dar porque te quiera;
pues, aunque lo que espero no esperara,
lo mismo que te quiero te quisiera.

Jesucristo nos ha revelado cómo es el amor de Dios para nosotros. En el Sermón de la Montaña, nos invitó a rezarle como Padre, a confiar en Él como Padre. Y, para que todos lo pudieran entender contó la parábola del hijo pródigo (*Lc* 15, 11-32), una de las más hermosas de los Evangelios.

Cuenta la historia de un hijo que abandona a su padre, llevándose la parte de la herencia que le iba a tocar. Y, después de haberla malgastado, cuando siente necesidad, vuelve a su casa avergonzado. Y se encuentra con su padre esperándole con los brazos abiertos, contento de recuperar a su hijo. El Señor contó esta parábola para mostrar cuánta alegría hay en el cielo cada vez que un pecador se convierte. Es una invitación a retornar a Dios y pedir perdón con confianza, cuando se necesita. Lo debemos hacer a menudo y podemos acudir al sacramento de la Penitencia.

Para amar a Dios como merece ser amado, hemos de aprender a tratar a Dios como Padre y meditar el amor que Dios nos tiene. Una manifestación de confianza es pedir a Dios lo que necesitamos. El Señor invitó a sus discípulos muchas veces a rezar y pedir al Padre, con confianza.

Esto no quita que, a veces, Dios permita en nuestra vida pruebas y sufrimientos, incluso graves. Tienen su lugar en el plan de Dios, como tuvo su lugar la pasión y muerte en la vida de Jesucristo. No se puede olvidar la impresionante escena de la cruz, donde el Señor, exclama «¡Dios mío, Dios mío por qué me has abandonado!» (*Mt* 27, 46), usando las palabras del salmo 22 (21) que acaban como una manifestación de confianza incluso en la prueba.

Un amor de hijos que cumplen la voluntad del Padre

La palabra "amor" puede despistar porque la relacionamos, a veces, con sentimientos caprichosos. Los cristianos aprendemos el amor a Dios Padre, de Jesucristo, su Hijo. Él dijo a sus discípulos: «Yo hago siempre lo que le agrada» (*Jn*, 8, 29); «Mi alimento es hacer la voluntad del que me ha enviado y llevar a cabo su obra» (*Jn* 4, 34). Comenta san Juan el Evangelista: «Quien guarda sus mandamientos, mora en Dios y Dios en él» (*1 Jn* 3, 22), «El amor de Dios consiste en guardar sus mandamientos» (*1 Jn* 5, 3). En obedecerlo como Cristo, su Hijo.

El amor de Dios no es sólo ni principalmente un sentimiento, sino una entrega generosa a cumplir su voluntad. Amar a otro es quererlo bien; es decir, querer el bien para el otro, entregarse por el otro. Como el buen amor de los esposos. El verdadero amor a Dios lleva a la entrega y a la fidelidad.

No se mide por la intensidad de los sentimientos sino por el afán de hacer la voluntad del Padre, como Jesucristo. Tenemos el expresivo y precioso ejemplo de María. Al ser preguntada por el ángel si estaba dispuesta a colaborar con los planes de Dios, contestó: «He aquí la esclava del Señor, hágase en mí según tu palabra» (*Lc* 1, 38). Se sentía sierva del Señor, dispuesta a cumplir su voluntad en todo.

A Dios se le puede honrar con alabanzas, y es muy bueno, pero la ofrenda más importante es la entrega interior, desear cumplir su voluntad: «Dame, hijo mío tu voluntad» (*Pr* 23, 26). El Señor advierte que no entrará en el Reino de los Cielos el que diga "Señor, Señor", «sino el que haga la voluntad de mi Padre que está en los Cielos» (*Mt* 7, 21). Una voluntad llena de amor por nosotros, que sabe lo que nos conviene, porque es nuestro Creador y Padre. Dice santo Tomás de Aquino, comentando el Padrenuestro:

Siendo Dios Padre nuestro, no solo debemos respetarlo y temerle, sino además abrigar ese devoto y cariñoso afecto para con Él. Este afecto nos impulsa a suplicar que venga el Reino de Dios[7].

En el Padrenuestro pedimos "hágase tu voluntad". Cumplimos su voluntad de varias maneras: al obedecer a la conciencia y a la autoridad legítima, al cumplir los propios deberes y obligaciones. La hermosa oración de san Ignacio de Loyola lo expresa así:

> Tomad, Señor, y recibid toda mi libertad,
> mi memoria, mi entendimiento y toda mi voluntad,
> todo mi haber y mi poseer,
> Vos me lo disteis, a vos, Señor, lo torno.
> Todo es vuestro. Disponed a toda vuestra voluntad
> dadme vuestro amor y gracia, que esta me basta.
> (*Ejercicios Espirituales*, 234)

UN SOLO SEÑOR

Sólo Dios puede ser amado sobre todas las cosas. Eso es lo que pide el orden del amor. «El primer mandamiento nos llama a no tener "otros dioses delante de Él" (cf. *Ex* 20, 3; *Dt* 5, 7). Dios debe ocupar el primer lugar en nuestra vida» (cf. CEC 2084–2086).

Sólo puede haber un Señor en nuestras vidas. Nada en la tierra merece que nos pongamos de rodillas y le entreguemos nuestra voluntad. Sólo hay un Dios, que es Padre, Hijo y Espíritu Santo al que se puede adorar. Esa es la libertad cristiana.

---

[7] *Escritos de Catequesis*, Rialp, Madrid 1975, 137.

Esto se muestra en la impresionante escena de las tentaciones de Cristo. Al inicio de su vida pública, Cristo es tentado y sus respuestas señalan el camino cristiano: «No sólo de pan vive el hombre, sino de toda palabra que sale de la boca de Dios» (*Mt* 4, 4); «Al Señor tu Dios adorarás y sólo a Él darás culto» (*Mt* 4, 10); «No tentarás al Señor tu Dios» (*Mt* 4, 6; *Lc* 4, 12). Son tres mandatos que intentamos decir con otras palabras. No podemos vivir pensando solo en los deseos más vulgares, sino que necesitamos la palabra de Dios; no podemos trasladar a otras cosas la adoración, el respeto y el amor que Dios merece; y tampoco podemos usar las cosas de Dios para nuestro propio beneficio y gloria. En los tres casos, quitamos a Dios de su sitio para poner otra cosa en su lugar, o a nosotros mismos.

Es idolatría venerar imágenes falsas o dar culto a dioses extraños. Sólo se puede adorar al Dios creador, único, trascendente y bueno. Todo lo que no tenga estas características no es Dios, y no se puede adorar. Son esclavitudes o principios de esclavitud.

Tampoco es lícito trasladar la fe y la esperanza que debemos a Dios, a la magia o a la adivinación, que son corrupciones del sentido religioso. Es superstición esperar obtener de medios extraños (conjuros, sortilegios, médiums), lo que pertenece al poder de Dios: predecir el futuro, sanar, obrar milagros o hablar con los muertos. Todas estas prácticas deforman el sentido religioso, y con frecuencia crean dependencias psicológicas, que son esclavitudes. En la inmensa mayoría de los casos, estas prácticas son puros engaños para hacer negocio; y, en casos muy especiales, no se puede excluir una influencia diabólica.

Ni el dinero, ni la ambición, ni ninguna autoridad humana, ni siquiera el propio yo merecen que les entreguemos el corazón. El Señor condenó de manera especial la idolatría del propio yo: «El que encuentre su vida, la perderá; pero el que pierda su vida por mí, la encontrará» (*Mt* 10, 39).

«Si alguno quiere venir en pos de mí, niéguese a sí mismo, tome su cruz y sígame. Porque quien pierda su vida por mí, la encontrará. Pues ¿de qué le sirve al hombre ganar el mundo entero si arruina su vida?» (*Mt* 16, 24-26; *Mc* 8, 34-36; *Lc* 9, 23-27). Hay un deseo legítimo de mejorar, de emplear las propias cualidades y de realizar algo con el propio trabajo. Esto no es egoísmo si se ordena a la alabanza a Dios y al servicio de los demás. Al contrario, hay obligación de emplear bien los propios talentos en el servicio del Señor y de los demás. Eso pone las cosas con el orden que tienen.

Jesucristo advirtió muchas veces sobre la capacidad que tienen las riquezas para absorber el corazón humano, y ocupar el lugar de Dios[8]: «Nadie puede servir a dos señores (...). No podéis servir a Dios y al dinero» (*Mt* 6, 34). «No amontonéis tesoros en la tierra (...) amontonad más bien tesoros en el cielo (...); porque donde está tu tesoro está tu corazón» (*Mt* 6, 19-21). Quiere que los cristianos vivamos con libertad, sin estar agarrados por los bienes temporales (cfr. *Mt* 6, 25).

---

[8] CEC 1723.

Los evangelios recogen la impresionante escena del joven rico. Un joven que procuraba vivir de acuerdo con la ley de Dios se acerca al Señor para preguntarle cómo debe vivir. Y cuando el Señor le invita a seguirle y a que se desprenda de sus bienes dándolos a los pobres, «se puso muy triste, porque era muy rico» (*Lc* 18, 23). Al verlo, Jesús dijo: «Qué difícil es que los que tienen riquezas entren en el Reino de Dios. Es más fácil que un camello entre por el ojo de una aguja, que el que un rico entre en el Reino de Dios». Los que lo oyeron se asustaron: «¿Y quién se podrá salvar?». El Señor les tranquilizó: «Lo que es imposible para los hombres es posible para Dios» (*Lc* 18, 24-27). También lo ilustró con varias parábolas (*Lc* 16, 19-31; 12, 13-21).

Lo mismo podría decirse de la pasión sexual y de otras pasiones. Pueden llegar a acaparar la vida con sus exigencias y quitan el gusto por las cosas de Dios. Sólo «los limpios de corazón verán a Dios» (*Mt* 5, 8). A nada creado se le puede dar el alma y el corazón hasta el punto de que se conviertan en el fin de nuestra existencia. Los demás amores han de ordenarse dentro de este amor supremo que libera.

En la vida de cada persona se presentan circunstancias donde cada uno tiene que mostrar lo que prefiere: ser más famoso, más poderoso, más rico, tener más placeres..., o ser honrado, servir a Dios y cumplir su voluntad, atender a los demás. Muchas veces, no hay conflicto y es compatible, pero muchas otras no resulta compatible. No podemos querer el dinero o la fama o el placer por encima de todo. Nos robarían el alma, que es de Dios.

El deseo de entregar a Dios el corazón, la vida y la mente nos libera de muchas esclavitudes: del propio egoísmo, de las pasiones, de la tiranía de los poderes humanos y de las coacciones injustas. Por eso, el amor a Dios es un amor liberador. Nos hace vivir de acuerdo con nuestra dignidad de hijos de Dios.

Raíz de nuestra existencia y fin de nuestros anhelos

El Señor es nuestro creador y fuente de nuestra vida. Todo el universo y cada uno de nosotros procede de su voluntad. Existimos porque Él nos quiere. Cuando nos apartamos de Él, nos perdemos, como un árbol sin raíces y una casa sin cimientos. En cambio, vivir en Dios es construir sobre roca. Son ejemplos que empleó el Señor.

También es el fin de nuestra existencia y felicidad. Por eso, nuestros anhelos de felicidad, plenitud y salvación, aunque no nos demos cuenta, se dirigen a Él. Al inicio de sus *Confesiones*, san Agustín lo expresó con palabras inmortales: «Nos hiciste, Señor para ti y nuestro corazón está inquieto hasta que no descansa en ti».

Todos anhelamos en el fondo amar y ser amados, aceptados, entendidos, ayudados, salvados. Pero sólo el amor de Dios puede llenar plenamente ese deseo. También deseamos vivir y vivir plenamente, superando la muerte, el dolor, las limitaciones físicas y morales y la injusticia del mundo. Pero esa vida eterna y esa salvación sólo se encuentran en Dios.

Sólo en Dios pueden realizarse nuestras aspiraciones de felicidad, plenitud y salvación. Sin Él, sólo se realizan parcial y temporalmente. Por eso, vivir lejos de Dios es estar expuesto constantemente a la frustración y a la desesperación ante la experiencia del no poder, la presencia del dolor y del sufrimiento, y del sinsentido, ante la cercanía de la muerte o la conciencia de la injusticia en el mundo. «Señor a quién vamos a ir, tú tienes palabras de vida eterna» (*Jn* 6, 68).

Es una desviación grave de la esperanza en Dios convertirse en un mendigo de satisfacciones pasajeras. Es frecuente que, en una sociedad consumista, el constante deseo y disfrute de pequeños bienes desplace y apague el gusto y la aspiración por los grandes. Ahogan la esperanza y los anhelos de su espíritu, que está hecho para Dios.

Mientras se goza de calidad de vida no se sienten los propios límites físicos y morales, y la injusticia del mundo no duele cuando no se mira. Las personas caprichosas que viven buscando constantemente satisfacciones están expuestas al desconcierto o la desesperación cuando se enfrentan con el sufrimiento o la muerte. Entonces experimentan la sensación de que han sido engañados. Pero, en realidad, se han engañado a sí mismos.

De nuevo aparecen los dos caminos. Uno termina en la vida y el otro en la muerte. El que opta por dirigirse a Dios y poner en él su fe, esperanza y caridad, se dirige a un fin que no es de este mundo, pero es el único que puede dar la felicidad y salvarlo. El que opta por poner sus convicciones, sus anhelos y su amor en gustos y ventajas de este mundo sólo tiene delante el pozo de la muerte.

De todas formas, hay personas que procuran ser honradas, que son fieles a sus deberes y a sus amores y, aunque no crean en Dios, viven como si creyeran en Él, porque cumplen su voluntad cuando son fieles a su conciencia.

Así se dirigen realmente a ese fin sin saberlo. Porque el que es honrado cumple la voluntad de Dios.

Si se busca ser fiel a Dios, la vida se llena de alegría. La esperanza en Dios es el anhelo del fin, pero también la confianza en el amor de Dios que nos quiere, nos busca, nos ayuda y nos salva. Como resume bellamente santa Teresa:

Dichoso el corazón enamorado
que en solo Dios ha puesto el pensamiento;
por él renuncia a todo lo criado,
y en él halla su gloria y su contento.
Aun de sí mismo vive descuidado,
porque en su Dios está todo su intento,
y así alegre pasa y muy gozoso
las ondas de este mar tempestuoso.

3.
AMARÁS AL PRÓJIMO COMO
A TI MISMO

«Nosotros hemos recibido de él este manda-
miento: que quien ama a Dios ame también
a su hermano» (1 Jn 4, 21)

«El amor de Dios y el amor del prójimo son
inseparables, constituyen un único manda-
miento. Pero ambos viven del amor preve-
niente de Dios que nos ha amado primero»
(BENEDICTO XVI, *Deus caritas est, n. 14*).

UN MANDAMIENTO

La dificultad para amar a Dios puede ser que nos parezca le-
jano cuando no lo conocemos bien. En cambio, la dificultad
para amar al prójimo puede ser precisamente que lo tenemos
cerca. El Señor nos pide un amor real a nuestro prójimo; es
decir, al que tenemos al lado y también al que se cruza en
nuestras vidas: «Este es el mandamiento de Dios: que crea-
mos en el Nombre de su Hijo, Jesucristo, y que nos amemos
unos a otros tal como nos lo mandó» (*1 Jn 3, 23*).

El mandato del Señor no se refiere a amar al género
humano en general, sino a las personas en concreto y de
verdad. El Evangelista san Juan lo resume muy bien en su

primera carta: nadie puede amar de verdad a Dios si no ama al prójimo que es imagen de Dios.

> Queridos, amémonos unos a otros porque el amor es de Dios y todo el que ama ha nacido de Dios y conoce a Dios, porque Dios es Amor. En esto se manifestó entre nosotros el amor de Dios, en que Dios envió al mundo a su Hijo único para que vivamos por medio de él (...). Si Dios nos ha amado de esta manera también nosotros debemos amarnos unos a otros. A Dios nadie le ha visto nunca. Si nos amamos unos a otros, Dios mora en nosotros y su amor ha llegado en nosotros a la perfección (...). Dios es Amor y el que permanece en el amor, permanece en Dios y Dios en él (...). Si alguno dice: «Yo amo a Dios», y odia a su hermano, es un mentiroso, pues quien no ama a su hermano a quien ve, no puede amar a Dios a quien no ve. Y nosotros hemos recibido de él este mandamiento: quien ama a Dios ame también a su hermano (*1 Jn* 4, 7-21).

Como el primer mandamiento, también el segundo supone una conversión, que dura toda la vida. Se puede decir que comprende tres cosas:

— descubrir al otro como prójimo
— empeñarse en vivir a fondo la justicia
— vivir con todos la caridad, el servicio y la entrega como el Señor nos enseñó, con su palabra y con su ejemplo.

QUIÉN ES EL PRÓJIMO

«Amarás al prójimo como a ti mismo». Entre los judíos piadosos había dudas sobre la extensión de este mandamiento:

¿a quién hay que considerar "prójimo", a los parientes y amigos, a los vecinos, a todos los judíos...? Se lo preguntaron al Señor, y contó entonces la pequeña historia o parábola del buen samaritano (*Lc* 10, 29-37). Quiso dejar claro que cualquier persona a nuestro lado es nuestro prójimo si nos necesita. No hay restricciones: no sólo los parientes ni los vecinos ni los vecinos ni los connacionales, sino todos los seres humanos que podemos encontrar en el camino de nuestra vida son nuestros prójimos.

> La parábola del buen samaritano cuenta que un hombre fue asaltado en el camino de Jerusalén a Jericó, le robaron y lo dejaron malherido. Pasaron por el camino un sacerdote del templo y un levita sin atenderle. Pero un samaritano, se acercó y se ocupó de él. Se daba la circunstancia de que judíos y samaritanos no se llevaban bien. El Señor preguntó al que le había planteado la cuestión: «¿Quién te parece que fue prójimo del que cayó en manos de los salteadores?», y le contestó: «El que practicó la misericordia con él». El Señor concluyó: «Pues haz tú lo mismo».

La fe cristiana considera que todos somos hijos de Dios y estamos llamados a ser hermanos en Cristo. Por eso, el amor cristiano pasa por encima de todas las fronteras políticas, económicas, raciales o culturales. Todos son "prójimos". Todos merecen que los tratemos con el amor de Cristo. Aunque con un orden lógico. En primer lugar, los que conviven con nosotros; quienes están más cerca; aquellos con los que trabajamos; pero también cualquiera que se cruza en nuestro camino.

Una regla de oro

La regla de "amar como a uno mismo" es muy práctica. Es muy fácil saber cómo portarse con los demás. Como somos iguales, es lógico que nos tratemos intentando hacer a los demás lo que a nosotros nos gustaría, y evitando lo que no nos gustaría. Es una regla excelente, fácil de comprender y de aplicar: «A ti, ¿qué te gustaría?».

> «Tratad a los hombres como queréis que ellos os traten» (*Lc* 6, 31); «Todo cuanto queráis que os hagan los hombres, hacédselo también vosotros a ellos porque esta es la Ley y los Profetas» (*Mt* 7, 12). A veces, se le llama la regla de oro de la moral. La misma regla aparece en otras tradiciones religiosas y sapienciales.

Todos somos muy sensibles a lo nuestro. De ahí podemos sacar la enseñanza para ser justos con los demás. Si consideramos al prójimo como "otro yo" lo trataremos muy bien.

> «El respeto de la persona humana considera al prójimo como "otro yo". Supone el respeto de los derechos fundamentales que se derivan de la dignidad intrínseca de la persona» (CEC 1944); «Cada uno, sin ninguna excepción, debe considerar al prójimo como "otro yo", cuidando en primer lugar de su vida y de los medios necesarios para vivirla dignamente» (GS 27, CEC 1931).

Aunque para vivirla, no basta la buena voluntad. Hace falta un empeño positivo de hacer el bien a todas las que pasan a nuestro lado. Si vivimos preocupados únicamente por nuestras cosas, no caeremos en la cuenta de lo que necesitan los demás o del daño que les hacemos, a veces sin advertirlo. Forma parte principal de la conversión cristiana decidirse a pensar y servir a los demás en lugar de a uno mismo.

Hay un legítimo amor a uno mismo. Toda persona tiene derecho a vivir y a desarrollarse. También tiene el derecho y el deber de emplear bien los talentos que Dios le ha dado. Sin embargo, cuando cada uno piensa en el sentido y la orientación de su vida, un cristiano debe querer emplear sus talentos en dar gloria a Dios y servir a los demás.

EL RESPETO A LA PERSONA

Los cristianos sabemos que cada persona es "imagen de Dios" y su destino es identificarse con Cristo. Ese es el fundamento religioso y más hondo de su valor y dignidad. Es posible que una persona, por sus condiciones o por su culpa, tenga aspectos poco amables o incluso indeseables. Pero no amamos sus defectos sino a la persona, y lo amamos porque es imagen de Dios, y esa dignidad no la pierde por más defectos que tenga. Amamos lo mejor que Dios ha hecho en él y lo mejor que ha hecho él.

Respetar a una persona significa muchas cosas. Por un lado, evitar todo lo que puede ofenderle o hacer daño: son los deberes de justicia. Por otro, ayudarle a que se desarrolle y conserve su dignidad cuando está enfermo o necesitado: son los deberes de solidaridad.

Respetar a una persona significa respetar:
— su vida y su salud;

— su honra personal, evitando injuriarle injustamente o privarle de la fama que merece ante los demás;

— su conciencia, con la que percibe lo que es justo y puede responder a sus deberes;

— sus bienes y derechos.

Sobre el respeto a la vida, hablaremos después. Ahora nos interesa fijarnos en el resto de los deberes de justicia y solidaridad.

El respeto a la honra personal y a la fama. Cada persona debe alcanzar una justa estima de sí mismo; y espera también la estima de los demás. Es un gran daño despreciar y humillar a los demás por enfado o capricho, insultándoles o ridiculizándoles; y es mucho más grave si se hace con personas débiles, que no pueden defenderse. Aprovecharse de la debilidad ajena entra dentro de los pecados que, como dice la Biblia, "claman al cielo".

También es una grave injusticia privar a una persona de su fama ante los demás, difundiendo mentiras que le dañan (calumnias) o revelando asuntos personales, que deberían permanecer en secreto (difamación). La tradición cristiana considera las lesiones a la fama como heridas a la persona y un tipo de robo, porque se les quita uno de los bienes más estimados. Hay que hablar de los demás con prudencia y justicia, como nos gustaría que hablaran de nosotros. También en los medios de comunicación.

«El derecho a la comunicación de la verdad no es incondicional. Todos deben conformar su vida al precepto evangélico del amor fraterno. Esto exige, en las situaciones concretas, estimar si conviene o no revelar la verdad a

quien la pide» (CEC 2488); «La caridad y el respeto a la verdad deben dictar la respuesta a toda *petición de información o de comunicación*. El bien y la seguridad del prójimo, el respeto a la vida privada, el bien común, son razones suficientes para callar lo que no debe ser conocido o para usar un lenguaje discreto. El deber de evitar el escándalo obliga con frecuencia a una estricta discreción. Nadie está obligado a revelar una verdad a quien no tiene derecho a conocerla» (CEC 2489); «Se debe guardar la justa reserva respecto a la vida privada de la gente. Los responsables de la comunicación deben mantener un justo equilibrio entre las exigencias del bien común y el respeto de los derechos particulares. La injerencia de la información en la vida privada de las personas comprometidas en una actividad política o pública es condenable en la medida en que atenta contra su intimidad y libertad» (CEC 2492).

Es frecuente que, en comunidades pequeñas, entre vecinos o entre compañeros de trabajo, se hable mal de otros que no están presentes. Siempre es una falta de compañerismo y, generalmente, también una falta de justicia, porque se dicen ligeramente cosas falsas, exageradas o que hacen daño.

El respeto a la libertad de las conciencias es otro punto muy delicado. Cada persona tiene una conciencia con la que entiende lo que debe hacer y se dirige al fin. Debe gozar de la legítima libertad para pensar y obrar de acuerdo con su conciencia. El respeto a la conciencia protege de manera especial la libertad religiosa[9]: el derecho a creer y practicar de acuerdo con las propias convicciones. En general,

---

[9] CEC 2104-2109.

es una grave injusticia obligar a las personas a que obren contra su conciencia.

«La libertad se ejerce en las relaciones entre los seres humanos. Toda persona humana, creada a imagen de Dios, tiene el derecho natural de ser reconocida como un ser libre y responsable. Todos están obligados a no conculcar el derecho que cada uno tiene a ser perfecto. El derecho al ejercicio de la libertad es una exigencia inseparable de la dignidad de la persona humana, especialmente en materia moral y religiosa (cf. DH 2). Este derecho debe ser reconocido y protegido civilmente dentro de los límites del bien común y del orden público (cfr. DH 7)» (CEC 1738; cfr. 1747).

El derecho a obrar en conciencia no significa obrar según el capricho personal. En cualquier sociedad humana debe existir la libertad suficiente para que cada persona pueda pensar y obrar de acuerdo con su conciencia. Pero no es un derecho absoluto. Se puede impedir a una persona que haga algo injusto o dañino para los demás o para la sociedad en su conjunto. El bien común está por encima de los pareceres particulares.

El respeto a los bienes del prójimo

Es el capítulo más amplio. Comprende dos cosas: ser justo en los pactos y relaciones; y no hacer daño a las propiedades y derechos ajenos. Está protegido por el quinto mandamiento: «No robarás».

Para la fe cristiana, todos somos igualmente dignos. Por eso, para que haya justicia en las transacciones y pactos, hace falta que lo que se da sea equivalente a lo que se recibe. A esta igualdad o equilibrio se le llama "equidad". Debe haberla entre lo que se vende y lo que se paga, entre el trabajo que se presta y lo que se cobra; y entre las obligaciones de las dos partes cuando hacen un pacto. La equidad exige también cumplir lo pactado: cobrar y pagar lo convenido, sin defraudar con la mercancía o el trabajo comprometido. Cobrar más a quien pide un capricho está bien. En cambio, abusar del que padece necesidad es una injusticia.

La justicia es la parte de la moral que más fácilmente comprenden y aceptan todos, aunque no siempre vivan de acuerdo con ella. Todos tenemos tienen cierto sentido de la justicia. En nuestra cultura, hay una sensibilidad muy grande para reivindicar los propios derechos. Pero debería haberla también para cumplir fielmente los propios deberes, y para sentirse responsable ante las necesidades e injusticias que padecen los demás, especialmente los más desfavorecidos. La justicia del cristiano no es ante sí mismo ni solo ante los demás; es siempre también delante de Dios, que todo lo ve.

Amor y solidaridad

Pero el Señor pide más que justicia en nuestro trato habitual con los demás. No solo el equilibrio. Pide amar a todos con un amor generoso como el suyo, porque la conducta de los cristianos tiene que reflejar el amor creador y salvador de Dios: «Para que vean vuestras buenas obras y glorifiquen a vuestro Padre que está en los Cielos» (*Mt* 5, 16).

Habéis oído que se dijo: «Amarás a tu prójimo y odiarás a tu enemigo». Pues yo os digo: amad a vuestros enemigos y rogad por los que os persiguen para que seáis hijos de vuestro Padre celestial (...). Porque si amáis a los que os aman, ¿qué recompensa vais a tener? ¿No hacen eso mismo también los publicanos? (...) Vosotros sed perfectos como es perfecto vuestro Padre celestial (*Mt* 5, 43-48).

En la oración de la Última Cena, cuando instituyó la Eucaristía, el Señor pidió a sus discípulos que se amaran sinceramente y que permanecieran en la unidad. «Este es el mandamiento mío: que os améis los unos a los otros como yo os he amado». Y les concretó: «Nadie tiene mayor amor que el que da su vida por sus amigos» (*Jn* 15, 12-13). «En esto conocerán que sois mis discípulos: si os tenéis amor los unos a los otros» (13, 35).

Y, para que no hubiera lugar a dudas, les dejó un gesto bien expresivo: antes de sentarse a la mesa, les lavó los pies, que era algo que hacían los criados. Así enseñó que este amor no consiste en sentimientos, sino en servicio.

«Comprendéis lo que he hecho con vosotros? Vosotros me llamáis "el Maestro" y "el Señor" y decís bien, porque lo soy. Pues si yo, el Señor y el Maestro, os he lavado los pies, vosotros también debéis lavaros los pies unos a otros. Porque os he dado ejemplo» (*Jn* 13, 12-15). Lo había dicho en otras ocasiones: «El Hijo del hombre no ha venido a ser servido sino a servir y a dar su alma como rescate por muchos» (*Mt* 20,28).

La Iglesia se construye practicando este amor generoso. Tiene que llegar, primero, a los que conviven con nosotros, nuestros prójimos. Pero está abierto a todos, incluso a los que se sienten nuestros enemigos. Es muy heroico, pero así lo vivió y lo pidió el Señor. No nos bastan nuestras fuerzas, pero este amor viene de Dios y se le puede pedir. La señal de la verdadera conversión cristiana es el crecimiento de la caridad. «Donde hay caridad y amor —dice un antiguo himno cristiano— allí está Dios» (*Ubi caritas*).

Hemos recogido ya este texto, pero ahora lo ampliamos: «En esto hemos conocido lo que es el amor: en que él dio su vida por nosotros, también nosotros debemos dar la vida por los hermanos. Si alguno que posee bienes del mundo ve a su hermano que está necesitado y le cierra sus entrañas ¿cómo puede permanecer en él el amor de Dios? Hijos míos, no amemos de palabra ni con la boca, sino con obras y según la verdad» (*1 Jn* 3, 16-18).

LA CARIDAD CRISTIANA

Hemos de querer primero y de verdad a las personas más próximas, las que conviven o comparten su vida con nosotros. Es fácil tratar siempre bien a los que encontramos ocasionalmente. En cambio, es difícil tratar siempre bien a los que tenemos cerca. Fácilmente se ofende, aunque sea poco, por nerviosismo, enfado o descuido.

Para los cristianos la caridad es un estilo y un proyecto de convivencia, apoyado en Dios mismo. Y es un reto hacerlo siempre bien en las familias, las comunidades cristianas, los ámbitos de trabajo y la vida social. En cierto modo, es un anticipo y fermento del cielo en la tierra. El cielo es la comunión de los santos, la unidad más grande entre los seres humanos.

Es preciso aprender a convivir: acoger, respetar y comprender a todos; y tratarlos con afecto y consideración. El humanismo cristiano, con su conocimiento del alma humana, de sus nobles aspiraciones y de sus limitaciones, da muchas luces para comprender a todos. Invita a superar todo tipo de barreras culturales y a querer como Dios quiere.

Esto exige, de manera particular, superar los pequeños (o grandes) malentendidos y ofensas que constantemente se generan. Lo rezamos en el Padrenuestro: «Perdona nuestras ofensas como también nosotros perdonamos a los que nos ofenden».

Es preciso disminuir la sensibilidad personal y no dar mucha importancia a las afrentas, sino olvidarlas, superar el rencor y los deseos de vengarse, y dar otra oportunidad. Es un gran signo cristiano, porque no es, quizá, lo que sale espontáneamente. Más bien lo que sale espontáneamente es, primero, el egoísmo (yo por delante), y después el resentimiento y los deseos de vengarse. Se necesita conversión. Esto no significa vivir indefensos o favorecer el abuso de otros. Significa vivir con generosidad; en cada caso hay que discernir en conciencia lo que conviene. Dice san Pablo:

> No nos cansemos de hacer el bien porque si perseveramos, a su tiempo recogeremos el fruto. Por tanto, mientras disponemos de tiempo hagamos el bien a todos, pero especialmente a los hermanos en la fe (*Ga* 6, 9-10).

Lo hemos visto. El Señor fue capaz de amar y perdonar a sus enemigos desde la cruz: «Perdónales porque no saben lo que hacen». Y quiso que sus discípulos perdonáramos a nuestros enemigos, incluso a los que nos persiguen por ser cristianos. No queremos odiar a nadie, y hacemos un esfuerzo por comprender y perdonar. No es cristiano el deseo de venganza, aunque se puede sentir. San Pablo insiste en sus cartas a los primeros cristianos:

> «Estad atentos para que nadie devuelva mal por mal; al contrario, procurad siempre el bien mutuo y el de todos» (*1 Ts* 5, 15); «Vigilad, estad firmes en la fe, sed fuertes, tened ánimo: todas vuestras obras hacedlas en la caridad» (*1 Co* 16, 13). «No actuéis por rivalidad ni por vanagloria, sino con humildad, considerando cada uno a los demás como superiores, buscando no el propio interés, sino el de los demás» (*Flp* 2, 3-4).

La caridad es una novedad en la historia humana y un signo maravilloso de que la fe cristiana es divina. Es una locura no vengarse y vivir la entrega personal, es una locura no buscar por encima de todo los bienes materiales, y también puede parecer una locura, a quienes no conocen bien el cristianismo, vivir la castidad. Luego lo veremos. La moral cristiana es, en realidad, para héroes. Por eso solo se puede vivir con la ayuda de Dios.

La caridad con los necesitados

Desde el principio, la Iglesia, dondequiera que ha llegado, ha sentido una santa preocupación por los más pobres y los más despreciados. Es un signo de la liberación evangélica. Al describir el juicio final, el Señor aclara que lo que se hace por un necesitado cualquiera se hace por él:

«Cada vez que lo hicisteis con uno de estos, mis humildes hermanos, conmigo lo hicisteis» (*Mt* 25, 31-46). Y san Juan de la Cruz lo resumió en una gran frase: «Al atardecer, os examinarán de amor».

A imagen de Dios, hemos de tener "entrañas de misericordia", y nos tienen que doler las desgracias ajenas. Aunque estén lejos, nunca las miraremos como un espectáculo en los medios de comunicación.

Las instituciones de la Iglesia han desarrollado y desarrollan en todo el mundo una gran tarea asistencial atendiendo a las personas marginadas y a los más necesitados de la sociedad, con medios generalmente modestos. Cada comunidad cristiana establecida procura prestar ese servicio en su entorno. Y cada cristiano debe hacer su parte y apoyar estas iniciativas con su colaboración y limosna. Los antiguos cristianos decían que lo que sobra tiene que quemarnos en las manos, porque hay que darlo. Es grato a Dios el que se acuerda de las necesidades de los demás, cuando piensa en gastar en lujos o caprichos. Todo lo que se da al Señor se convierte en "un tesoro en los cielos". Recibiremos lo que hayamos dado de nosotros mismos y de nuestros bienes. Lo que damos parece que se pierde aquí, pero es un tesoro delante de Dios.

San Pablo enseña: «En todo os he enseñado que es así, trabajando, como se debe socorrer a los débiles (necesitados), y que hay que tener presentes las palabras del Señor Jesús, que dijo: "Mayor felicidad hay en dar que en recibir"» (*Hch* 20, 35). Curiosamente esta frase del Señor, que cita san Pablo, son las únicas palabras de Cristo que nos han llegado fuera de los cuatro Evangelios. Y es un buen lema que los primeros cristianos tuvieron muy presente.

4.
LA VIDA Y LA FECUNDIDAD
HUMANAS SON DE DIOS

«Creó Dios al ser humano a imagen suya... varón y mujer los creó. Y los bendijo Dios, y les dijo: "Sed fecundos y multiplicaos, llenad la tierra y sometedla"» (Gn 1, 27-28).

«La vida humana ha de ser respetada y protegida de manera absoluta desde el momento de la concepción... La vida humana es sagrada porque desde su inicio comporta la acción creadora de Dios» (CEC 2260).

LA VIDA ES UN GRAN DON DE DIOS

Dios es el Creador del mundo. La belleza del universo, su orden y la inmensa complejidad de los fenómenos de la vida son un reflejo de su inteligencia. En la cima del universo, ha creado al ser humano "a su imagen", para que domine el mundo. Pero el mundo es de Dios: el ser humano es sólo administrador de esos bienes.

A Dios le pertenecen todas las cosas y especialmente, la vida humana. El mensaje cristiano es un Evangelio de vida. Para él, toda vida es valiosa, pero la vida humana es sagrada, porque el ser humano es "imagen de Dios".

51

Sagrado quiere decir "reservado a Dios". Sólo Dios tiene derechos sobre ella: A Dios le pertenece darla y retirarla. Nadie puede disponer de la vida de otro, ni de la suya propia, porque nunca le pertenece. Eso explica la solemne rotundidad del quinto mandamiento: "No matarás".

> *La vida humana es sagrada* porque desde su inicio es fruto de la acción creadora de Dios y permanece siempre en una especial relación con el Creador, su único fin. Sólo Dios es Señor de la vida desde su comienzo hasta su término; nadie, en ninguna circunstancia, puede atribuirse el derecho de matar de modo directo a un ser humano inocente (CEC 2258).

Los cristianos creemos que, una vez concebida, la vida humana es para siempre. Cada ser humano está destinado a una vida eterna con Dios. Por eso, cualquier vida humana, aunque parezca engendrada por casualidad, aunque no sea querida por los que la engendraron y aunque no sea querida por la sociedad, es valiosa, porque es querida por Dios. Dios quiere a cada uno para siempre.

Sólo quien, confiado en Dios, capta ese valor inmenso, puede entender los mandamientos cristianos sobre el amor al prójimo, la vida matrimonial y la sexualidad. El mensaje evangélico es una religión de la vida, y sólo el que ama la vida como Dios la ama puede entender y vivir los mandamientos cristianos. En nuestro tiempo este idealismo cristiano choca con una grave pérdida del valor de la vida frente a los impulsos del egoísmo y la concepción puramente materialista de la existencia.

Cada vida es un regalo de Dios, y así tiene que ser recibida por sus padres y por la sociedad. Ninguna vida humana puede ser despreciada. Ninguna vida humana es indigna de ser vivida. Por eso, con la ayuda de todos, es preciso poner los medios, para que toda vida se pueda iniciar, vivir y terminar con respeto.

A veces, la vida puede hacerse penosa o larga, para el que la vive o para los que la cuidan. Incluso muy penosa. Por eso son tan urgentes los deberes de solidaridad. Nadie tiene derecho a quitar la vida a ningún ser humano, ni a hijos, ni a hermanos ni a padres. Dios pedirá cuenta estrecha de esto. En las primeras historias de la Biblia, Caín, tras haber matado a Abel, se encuentra con la pregunta de Dios: «¿Dónde está tu hermano?». Y esa pregunta dramática sigue resonando, cada día más fuerte.

> Tras contar la creación de Adán y Eva, la Biblia cuenta la historia de sus hijos, Caín y Abel. El primer homicidio se da entre hermanos, y por envidia. Es como un anticipo de la historia. El Señor pide cuentas a Caín: «¿Qué has hecho?, se oye la sangre de tu hermano clamar a mí desde el suelo» (*Gn* 4, 1-26).

Nadie tiene derecho a matar. Nadie tiene derecho tampoco a dañar la vida o salud del prójimo. Es una grave injusticia y una grave ofensa a Dios. Se entiende claramente: toda violencia es contraria a la voluntad de Dios, que nos ha pedido que amemos al prójimo como a nosotros mismos. Por eso, es inmoral cualquier género de daño: matar, torturar, herir, poner en peligro, envenenar e incluso desear la muerte del prójimo.

Es muy doloroso observar que la historia humana está habitualmente llena de guerras y de violencias, en una especie de sucesión de crímenes contra la vida y dignidad de las personas que no ha parado nunca.

La legítima defensa y la pena de muerte

Sólo es legítimo recurrir a la violencia en defensa propia, o en defensa de las personas que dependen de nosotros. Solo en esos casos, cuando no hay otro camino, es legítimo hacer daño para defenderse: por ejemplo, ante un asalto, un robo o una agresión inesperada.

Siempre será más cristiana la opción que haga menos daño y, si es posible, que resuelva el conflicto. Por otra parte, en una sociedad normalmente constituida, nadie tiene derecho a tomarse la justicia por su mano: ni a infligir castigos ni a vengarse. Para eso está la autoridad legítima.

Las sociedades también tienen derecho a defenderse ante el agresor injusto. En el pasado, una de las medidas empleadas, tanto para disuadir de algunos crímenes como para castigarlos, fue *la pena de muerte*. La tradición cristiana la consideraba legítima cuando no existía otra forma posible de proteger la sociedad ante criminales o agresores injustos. Era un recurso extremo. La misma tradición cristiana considera hoy que, con los medios de que se disponen, la pena de muerte no es justificable. El tema es tratado con particular atención en el Catecismo de la Iglesia.

Puede darse el caso de que el agresor sea otra sociedad, y existe el derecho de defenderse e ir a la guerra. Evidentemente, provocar una guerra es un pecado gravísimo, que clama al cielo por los tremendos daños que se suelen seguir, y hay que evitarla por todos los medios. Pero, lo mismo que los particulares, las sociedades tienen derecho a defenderse ante el agresor injusto y usar una violencia proporcionada. Con todo, la experiencia de las guerras en la historia humana ha sido tan traumática que, incluso cuando se padece una agresión injusta, la tradición de la Iglesia pide que se calibren los daños. Porque no sería moral emprender una guerra (incluso en defensa propia), si los daños que se siguen no son proporcionados al bien que se puede conseguir.

CRÍMENES CONTRA LA VIDA

Siempre ha existido el aborto como forma de quitarse de encima la vida de un hijo cuando se considera una carga. Los primeros cristianos ya se enfrentaron con este crimen. La pérdida de sentido cristiano y la falta de disciplina sexual ha hecho que crezca constantemente en nuestra cultura moderna. Incluso se considera un derecho de la mujer.

Pero, desde todos los puntos de vista, es una tragedia antinatural que una madre mate al hijo que lleva en su seno. Digan lo que digan las leyes civiles, nunca hay motivo justificado para hacerlo, porque es siempre matar a un inocente (nunca se le puede considerar un agresor). Tampoco el hijo es parte o propiedad de la madre, sino una vida que se le ha confiado y que tiene su dignidad, lo reconozca o no la legislación vigente.

Desde el siglo primero, la Iglesia ha afirmado la malicia moral de todo aborto provocado. Esta enseñanza no ha cambiado; permanece invariable. El aborto directo, es decir, querido como un fin o como un medio, es gravemente contrario a la ley moral (CEC, 2271).

En las sociedades modernas que han sido cristianas este proceso se ha hecho a base de presiones y campañas muy sesgadas, manejando con frecuencia datos falsos, y buscando comités éticos complacientes. Es un proceso que, desde el punto de vista moral, ha sido muy doloroso, porque ha rebajado el valor de la vida humana y trastornado el sentido ético de estas sociedades, hasta el punto de que ya no consiguen juzgar bien estos temas.

Se comprende que, en determinadas circunstancias, una madre se angustie ante la perspectiva de dar a luz, o que padezca la presión de otras personas. Por eso, la sociedad civil debería ofrecer apoyo y soluciones claras. Porque es parte principal de su misión proteger la vida, que es un bien común muy principal. Y, de hecho, muchas veces se han propuesto medidas de este tipo en los procesos legislativos, pero apenas han tenido acogida, porque se huye de los problemas.

Los cristianos debemos dar ejemplo de comprensión y de ayuda. Son muchas las iniciativas que se han promovido en ese sentido. Y es preciso conseguir que el resto de la sociedad colabore y no se acostumbre a lo que es una grave lacra moral que, además de destruir las vidas, destruye las conciencias y envilece el tono moral de las sociedades.

Como forma de aliviar los sufrimientos de las personas y también, para quitarse de encima un problema, también se ha producido una presión en favor de la eutanasia. Pero nadie puede disponer de la vida propia ni de la de los demás. Hay que ayudar a todos hasta el final. La disminución del tamaño de las familias y la insolidaridad hace que, en ocasiones, la tarea de cuidar a enfermos sea más dura. Muchos recursos que se destinan al ocio y entretenimiento podrían destinarse a la solidaridad. Sin embargo, no es necesario prolongar la vida con medios desproporcionados o muy dolorosos. La muerte forma parte del curso natural de la vida humana.

LA MORAL SEXUAL

El respeto a la vida y a sus fuentes fundamenta también la moral sexual cristiana. Dios bendijo la capacidad humana de engendrar: «Sed fecundos». La vida humana es sagrada. Este es uno de los principios más importantes de la fe cristiana: el respeto a la vida, que es sagrada. Esto determina la moral sexual cristiana. En todos los aspectos de la vida, el mensaje evangélico exige una conversión, una nueva forma de vivir. Aquí también la moral sexual cristiana choca hoy directamente con la mentalidad hedonista que se ha extendido en nuestra cultura. Hedonismo quiere decir búsqueda del placer. Esta mentalidad enfoca las cuestiones sexuales de manera egocéntrica: cada uno debe explotar sus posibilidades sexuales para darse gusto. Es evidente que la sexualidad puede proporcionar placer. Pero centrar la sexualidad allí lo deforma todo, empezando por el sentido natural y biológico (ecológico) de la sexualidad.

Desde el punto de vista cristiano, el uso de la sexualidad se ordena naturalmente a la vida, al amor de los esposos, al cuidado y educación de los hijos y al crecimiento de la sociedad. La vida humana debe ser fruto del amor de los esposos, y debe crecer en una familia. Por eso, la moral cristiana pide que se subordine el capricho individual al servicio de la vida, del amor conyugal y de la familia. Une indisolublemente el ejercicio de la vida sexual con el amor conyugal y la vida humana. De tal manera que prohíbe la búsqueda de placer sexual fuera de ese contexto, que es su contexto natural y el fin de la sexualidad humana.

Por poner un ejemplo paralelo, sería inmoral (y muy feo) comer solo por placer, y vomitar a continuación. El comer es una función natural y el placer que produce es bueno y legítimo, pero está subordinado al fin que la alimentación tiene. Cambiar el orden y poner el placer como fin del comer desnaturalizaría todo. El sexo es fuente de la vida y parte importante del amor conyugal. Da placer y es un placer bueno, pero no debe buscarse fuera del amor conyugal o cegando las fuentes de la vida.

La sexualidad está destinada a la transmisión de la vida y al amor de los esposos, a la creación de las familias y hogares, y al desarrollo de la sociedad. Ese es su orden natural y el que defiende la tradición cristiana. Por eso, cualquier uso de las facultades sexuales que esté fuera del amor conyugal y de la apertura a la vida es desordenado e inmoral (como comer y vomitar). Es inmoral provocarse a sí mismo el placer sexual (masturbación), usar de la sexualidad fuera del matrimonio o en el matrimonio, pero impidiendo artificialmente generar nuevas vidas o alterando el acto sexual.

En este punto, el mensaje cristiano tropieza, primero, con la debilidad humana. Hoy lo mismo que ayer. Pero hoy también tropieza con una mentalidad hedonista muy extendida. Esta mentalidad ridiculiza la moral cristiana y no quiere entender, ni siquiera oír, sus profundos y sólidos (y ecológicos) fundamentos. Trata el sexo frívola e irresponsablemente, como si fuera un entretenimiento privado al que se tiene derecho sin mayores consecuencias. Pero las tiene, y muy graves.

Cuando se impone un mal uso del sexo, se genera una "cultura de muerte", como la llamó san Juan Pablo II. Ahonda el egoísmo de las personas y las vuelve incapaces de darse a los demás. Hace inestables los vínculos del amor conyugal. Disuelve los hogares, causando infinidad de sufrimientos y muchos perjuicios a los hijos. Provoca que muchas madres maten a sus hijos antes de nacer, en una especie de genocidio masivo y oculto. Envilece el sentido moral común. Y, además, hunde la natalidad y compromete el futuro (y también las energías para el futuro), como ha pasado en las viejas naciones europeas demasiado ricas, egoístas y maniáticas. El conjunto de su vida y también su vida sexual no se orienta al futuro, sino a disfrutar el presente.

No se trata, por tanto, de algo privado e inofensivo. Está en juego la dignidad humana, la vitalidad de las familias y el futuro de la vida social. Es importante comer respetando la dignidad humana (la propia dignidad, en primer lugar). Y, mucho más importante respetar el orden natural y el sentido humano de la sexualidad. Si no, lo que está ordenado a la vida provoca una cultura de muerte, como es patente.

En este punto, la moral cristiana es severa y clara por el enorme valor que tienen los bienes que están en juego: la dignidad de la vida humana, la fuerza del amor de los esposos, la cohesión de la familia, la educación de los hijos, la supervivencia de la sociedad. Son bienes tan nobles e importantes que están siempre y en todos los casos por encima de las posibilidades de disfrute particular. Por eso, inspirada en la revelación divina, la moral cristiana considera que todo desorden consciente y voluntario (actos y deseos consentidos) constituye un pecado grave que destruye la vida de la gracia (6.º y 9.º mandamientos).

La misma norma moral se aplica a todos los casos. Aunque, en algunos, la fuerza de la pasión o la ignorancia de la moralidad de los hechos puede disminuir la responsabilidad moral.

Los cristianos deben tratar con caridad a las personas que piensan o viven su vida privada de otro modo. Pero también tienen el mismo derecho que los demás a defender sus ideas y oponerse a las manifestaciones públicas que les resulten ofensivas. Y a difundir con caridad la verdad cristiana sobre la sexualidad, que es un mensaje de liberación para todos los seres humanos, y pone la sexualidad a la altura que merece en relación con la vida y la dignidad de las personas y la salud moral de las sociedades.

El esfuerzo de la castidad

Cada cristiano debe entender estos principios e intentar vivirlos con todas sus fuerzas, por respeto a la ley de Dios, y a su propio cuerpo; por respeto y por veneración hacia la vida, la fecundidad humana y el amor matrimonial, que son cosas santas. Esta son las referencias permanentes de la moral sexual cristiana. Basadas en la realidad de las cosas, contribuyen mucho a la estabilidad de los hogares, a la educación de los hijos y al progreso de la vida social.

Es necesario hacer un esfuerzo para integrar la propia sexualidad de acuerdo con las circunstancias y la experiencia de la propia vida. Cada cristiano, en este tema como en otros, debe aprender a dominarse y a vivir rectamente de acuerdo con la ley de Dios. Hay pocas fuerzas más necesitadas de orden y más egoístas que la pasión sexual. Al mismo tiempo que son fuerzas muy poderosas y constructivas y santas cuando se integran en la vida matrimonial.

La experiencia común es que no es tan fácil dominarse y se requieren decisiones claras, una lucha sostenida, estar dispuestos a aprender y a rectificar, y perseverancia. Es más fácil si se le presta poca atención, porque hay que centrar la vida cristiana donde está el centro, que es el amor a Dios y a los demás. También si se evitan las ocasiones, si se aprende de la experiencia y de las dificultades: y, sobre todo, si se pide humildemente a Dios la castidad, que es la virtud de vivir bien la sexualidad. Jóvenes y mayores.

«¿Cómo limpiará el joven su vida?: guardando tus preceptos» (*Sal* 118, 9); «Esta es la voluntad de Dios: vuestra santificación: que os abstengáis de la impureza, que cada uno sepa guardar su propio cuerpo santamente y con honor, sin dejarse dominar por la concupiscencia, como los paganos, que no conocen a Dios» (*1 Ts* 4,3-4).

5.
LA FAMILIA CRISTIANA,
FUENTE DE AMOR SANTO

«Por tanto, el hombre dejará a su padre y a su madre y se unirá a su mujer, y serán una sola carne» (Gn 2,24).

«La familia cristiana es una comunión de personas, signo e imagen de la comunión del Padre y del Hijo en el Espíritu Santo. (…) Es primera escuela de vida cristiana y de amor como entrega de sí mismo» (CEC 225).

Los requisitos de matrimonio

En la ceremonia de bodas, la celebración del matrimonio, desde muy antiguo existen unas preguntas (escrutinios) a los que se casan para asegurar que han entendido los compromisos del matrimonio cristiano.

— ¿Venís a contraer Matrimonio sin ser coaccionados, libre y voluntariamente?

— ¿Estáis decididos a amaros y respetaros mutuamente durante toda la vida?

— ¿Estáis dispuestos a recibir de Dios responsable y amorosamente los hijos y a educarlos según la ley de Cristo y de su Iglesia?

Son tres condiciones: la libertad de entregarse; la voluntad de amar toda la vida; y la apertura a los hijos y a vivir para ellos.

El matrimonio nace de un pacto o alianza libre: el varón se entrega libremente a su mujer como esposo; y la mujer se entrega libremente al varón como esposa. Cada uno da una parte de sí mismo, entrega su amor personal y sexual en exclusiva al otro, para toda la vida; y se compromete a no darlo (ni prestarlo) a nadie más hasta que la muerte los separe. Y también se compromete a aceptar y cuidar a los hijos que nazcan de esta unión, que es sagrada porque se hace delante de Dios.

El matrimonio se funda en la realidad de la sexualidad humana. Los cónyuges se casan para vivir como marido y mujer, para encarnar ese papel nuevo de esposo y esposa y, potencialmente, también de padre y madre. No es sólo una relación de afecto particular o un deseo de disfrute sexual en pareja. Es otra cosa.

Cuando dos personas se casan, aun sin saberlo, realizan un ritual esencial de la vida humana. Enraizado en el sentido biológico, natural y personal de la sexualidad humana, que no solo da origen a cuerpos sino a personas. Se constituyen como esposo y esposa y así crean una institución nueva, una familia que es una comunidad humana capaz de acoger y educar las nuevas vidas. Y que da origen a las relaciones humanas más fuertes, necesarias para la formación de las personas y la construcción de las sociedades. Además, lleva a cada uno a dar lo mejor de sí mismo y, por eso mismo, a realizarse como persona.

Es completamente distinto de tener "una relación" por más prolongada que sea, porque esto solo se queda, generalmente, en el disfrute corporal, prescinde de todo lo demás y así rebaja el sentido profundo y sagrado de la sexualidad. Aunque hayan empezado de otra manera, por la fuerza natural que tienen estas relaciones humanas, a veces surge una verdadera relación esponsal y de donación mutua y de apertura a los hijos. Sobre todo, si realmente se tratan como esposo y esposa, y si aceptan y se vuelcan en las vidas que hayan venido, a veces sin quererlas. El egoísmo sexual desatado es una fuerza muy disolvente, pero el amor matrimonial compartido es una fuerza increíblemente constructiva para las personas y para las sociedades.

LO QUE DIOS QUISO DEL MATRIMONIO

En la ceremonia, los cónyuges declaran: «Yo te quiero a ti como esposa/esposo y me entrego a ti, y prometo serte fiel en las alegrías y en las penas, en la salud y en la enfermedad todos los días de mi vida».

En el primer libro de la Biblia (*Génesis*), cuando Dios instituye el matrimonio, dice: «El hombre dejará a su padre y a su madre, se unirá a su mujer, y se harán una sola carne» (Gn 2, 24). Jesucristo comentó este pasaje (*Mt* 19, 8). Los esposos salen de la casa de sus padres, para construir "una sola carne", casi una sola persona, una comunidad de vida que lo abarca todo. Y esa unidad tan fuerte de amor entre personas (en el matrimonio y en la familia) refleja la unidad de las personas divinas, la Trinidad.

El trato sexual es expresión de la unidad de vida de los esposos y se ordena naturalmente a dar vida a los hijos (y a dejarse la vida por ellos). Por eso, para la mente cristiana, el trato sexual es algo santo, y no visceral o sucio. Pero no tiene sentido fuera de la vida conyugal, ni antes de que se hayan comprometido a ser "una sola carne", una comunidad de vida, para siempre. Sin eso, se unen sin estar unidos.

El matrimonio es una Alianza, que nace con la entrega libre y mutua de los contrayentes como esposo o esposa. El compromiso público ayuda a tomárselo en serio y también protege ese amor ante los caprichos pasajeros.

A diferencia de otros tipos de unión sexual, el matrimonio cristiano combina tres aspectos: la sexualidad como función biológica; el amor conyugal como amor entre personas; y la paternidad y maternidad humanas como institución. La sexualidad tiene un orden claro y natural hacia la fecundidad y conservación de la especie humana. La humana incluye un trato de amor entre personas que se tratan como personas, y se extienden a los hijos, cuando vienen. Los hijos refuerzan el amor de los padres y excitan su generosidad para realizar esa tarea de padre y madre. Y así crecen también como personas y como imagen de Dios, frecuentemente sin darse cuenta.

Todo esto no son inventos humanos. El impulso de la sexualidad a transmitir la vida, la fuerza con que se atraen el varón y la mujer, la fuerza que adquiere el amor conyugal y la fuerza del amor a los hijos pertenecen al orden que Dios ha querido para la familia y ha inserto en nuestra naturaleza. Y es una estructura tan fundamental para la vida social, por el papel tan grande que tiene en la aceptación y educación de las nuevas vidas, que necesitan tantísima atención, dedicación y, en definitiva, generosidad, para madurar humanamente.

En ese sentido, se dice que la familia es una institución natural: no la inventan las leyes humanas ni los gustos particulares. Está en la naturaleza misma de los fenómenos humanos. Tampoco la destruyen las leyes humanas, aunque la pueden dificultar mucho. Y es capaz de sobrevivir y servir de soporte para las personas en las peores crisis sociales, como demuestra sobradamente la historia humana.

GRANDES EFECTOS SOCIALES

El matrimonio ha sido muy expandido por el cristianismo, y forma parte de la difusión universal de la cultura cristiana. Pero no es un invento cristiano. Está inserto en la misma naturaleza de las cosas. Y se encuentra, con fórmulas más o menos plenas, en todas las culturas antiguas. Hoy encuentra grandes dificultades y se ha producido un enorme retroceso cultural. No es raro. Es lógico que, si disminuye la fe cristiana, se planteen más problemas en estos puntos neurálgicos que exigen mucho de las personas. Siempre ha sido un tema difícil. También lo era en tiempos de Jesús.

Los liberales extremos creen que las sociedades son aglomeraciones de individuos libres y perfectamente conscientes de sus derechos para dedicarse a sus antojos. Esto es una grave ignorancia e incomprensión de la naturaleza humana. En realidad, las sociedades se construyen sobre el trabajo constante y abnegado de las familias. Los hogares de las familias aportan el calor donde maduran los nuevos ciudadanos y adquieren los hábitos fundamentales de la vida social con la experiencia de una convivencia tan estrecha. Y esto también se da tantas veces en los hogares monoparentales que hoy abundan más, pero que conservan ese aspecto de donación y generosidad que las nuevas vidas necesitan para crecer, a veces en condiciones más difíciles y muchas veces heroicas.

Donde este tejido humano se destruye, la sociedad se deshumaniza. Así sucedió en el mayor esfuerzo político de sustitución de la familia que hicieron los comunistas en Rusia. Marx había declarado que el matrimonio es un invento burgués y una prostitución disfrazada. Cuando lo quisieron eliminar y sustituir por el amor libre, se tropezaron, primero, con que no se garantizaba la demografía; y después, con que las instituciones estatales eran incapaces de educar a los nuevos ciudadanos. Solo conseguían bandas de jóvenes inadaptados (y bastante criminales).

Lo mismo ha sucedido en otros ambientes donde la familia ha desaparecido por diversas circunstancias. Así sucede en algunos países americanos, en zonas dominadas por narcos, donde se ha destruido el tejido familiar. Donde no hay familias, peor o mejor constituidas, es imposible lograr la dedicación generosa (y heroica), el cheque en blanco que necesitan las nuevas vidas para ser educadas e integrarse en una sociedad humana. Se podrían recordar aquí tantos educadores realmente heroicos, que hacen lo que pueden para suplir las deficiencias familiares.

A comienzos del siglo XXI es llamativa la ideologización política sobre estos temas, y la ligereza con la que los gobiernos asumen e implantan ideologías sin ningún criterio científico; es decir sin los estudios sociológicos que se necesitarían para comprobar los efectos sociales de las medidas que toman. Ningún agricultor sensato cambiaría las semillas de sus campos sin comprobar antes en algún pequeño terreno los resultados. Se llaman "experiencias piloto". Es una pena que la vida política, a estas alturas y en muchos sitios, sea tan poco profesional y siga tan sometida a antojos ideológicos y estilos totalitarios (vestigios de una vieja ilustración que se ha quedado sin luz). Es un tema gravísimo para la vida social que ha sido tratado con una frivolidad desconcertante y destructiva.

AMARSE Y RESPETARSE TODOS LOS DÍAS DE LA VIDA

Para cada uno de los cónyuges, el otro es su primer "prójimo". El mandamiento de "amar al prójimo como a sí mismo" adquiere una intensidad (y verdad) especial dentro del matrimonio. El primer prójimo para un esposo es su mujer. Y el primer prójimo para una esposa es su marido.

La convivencia conyugal tiene aspectos específicos, como es el trato sexual y el proyecto de vida familiar, y otros aspectos comunes con todo trato social, con sus exigencias de respeto y justicia, y sus requisitos de cortesía y buena educación para lograr calidad humana en el trato. Porque el contacto estrecho, intenso e íntimo propio del matrimonio es ocasión de una amistad más profunda, pero también lo expone mucho más a roces e incomprensiones recurrentes. Se necesita mucha inversión personal para llevar bien esto. El matrimonio es una escuela de generosidad por lo que reclama el amor de los cónyuges y la educación de los hijos. Por eso es un camino de realización humana y de santidad.

Primero, el *respeto*. En toda convivencia son importantes la amabilidad y la delicadeza en el trato, sin perder las normas de buena educación, sino, al contrario, haciéndolas mucho más auténticas, porque son expresión de un amor que se quiere realizar. Respetarse significa, sobre todo, evitar ofensas. La cercanía y la rutina las hacen más fáciles. Y hay que luchar por no acostumbrarse y que se implanten como norma. Y por reparar a fondo cada una, incluso cuando no se tiene la "culpa", y compensarlas.

Además, *la justicia*. Intentado repartir adecuadamente las cargas de la vida en común, de la educación de los hijos, y del disfrute de los recursos económicos. Al mismo tiempo, cada uno debe estar dispuesto a hacer más de lo estrictamente justo, de lo que le toca. Porque todo amor verdadero se funda en la generosidad y el amor mutuo se hace con ella: y le otorga esa cohesión y fuerza tan característica, que hace de las familias que funcionan bien un foco impresionante de energía capaz de sobrevivir y aportar humanidad incluso en las peores circunstancias de la historia.

Y siempre *la caridad*. Los esposos se comprometen a ayudarse y sostenerse mutuamente en la debilidad, en la enfermedad y en los malos momentos. La caridad de Dios ayuda a los esposos a entregarse por amor de Dios, como Cristo se entregó por su Iglesia, y a dedicar al otro las propias energías, el propio tiempo, los propios gustos, las propias aspiraciones. También a perdonar, a dar otra oportunidad, a volver a empezar. Hay que pedir al Señor vivir esta generosidad tan grande y que necesita renovarse tantas veces. Es una oración muy grata a Dios.

El amor matrimonial se consolida con el agradecimiento mutuo, por las muchas cosas que se han compartido, por el apoyo que se han prestado, por los muchos favores que se deben. Se agradece el afecto, se agradece la compañía, se agradece la ayuda, se agradece la generosidad. Quienes lo viven bien consideran un don inmerecido la entrega del otro (su cheque en blanco). Y ese agradecimiento mutuo les une sólidamente.

A veces toca vivir el heroísmo de un amor sin correspondencia o con poca correspondencia. Porque las personas con los años se pueden enrarecer o enfermar, unas veces sin culpa y otras porque no han sabido ser generosas y se han llenado de manías O, mucho peor, porque han sido infieles. Es un gran sufrimiento para el otro cónyuge. Como muchas situaciones penosas de la vida, de la salud o económicas, a veces toca llevarlas y es una participación en la cruz de Cristo y allí conviene buscar ayuda y consuelo.

El matrimonio es una escuela de generosidad y Dios la agradece mucho y la paga bien. Pero las personas no están obligadas a soportarlo todo, especialmente el maltrato o una infidelidad habitual sin arrepentimiento. En la tradición cristiana no es posible disolver el matrimonio, salvo que haya razones para pensar que no ha sido válido, porque, por ejemplo, el cónyuge no era capaz o no estaba dispuesto a cumplir las obligaciones propias del matrimonio. Eso invalidaría el matrimonio porque el pacto inicial habría sido en falso. Entonces puede llevarse a un proceso canónico y declarar la nulidad, si se prueba suficientemente. Pero, a veces, se trata de problemas surgidos después. Entonces es legítima la separación. Y cada uno en conciencia puede decidir lo que le conviene, teniendo en cuenta también el bien de los hijos. Está claramente justificado en caso de maltrato, de infidelidad prolongada o de convivencia imposible o dañina para los hijos.

El amor conyugal que transmite la vida

La sexualidad es una fuerza vital presente en todos los animales superiores y también en los humanos. Garantiza la supervivencia de la especie. En los animales es una función biológica, con resortes instintivos. La vida sexual humana tiene impulsos naturales, pero no está gobernada por instintos, porque somos libres (aunque sentimos esos instintos). El trato sexual humano es entre personas y no solo entre cuerpos. Ninguna persona (ni el propio cuerpo) puede ser tratada como un objeto. Es una ofensa grave a la dignidad de esa persona, y a Dios que es su creador.

Y, además, por la vida sexual humana, se originan otras personas. Tiene esa alta dignidad. Como hemos dicho, la sexualidad, no es solo un simple capricho o juego ni solo un impulso animal, es una fuerza llamada a integrarse en el amor entre personas y en la responsabilidad como padres. No tiene por fin el máximo placer físico, sino, en realidad, la máxima entrega personal. Y no se contradicen estos aspectos, sino que se integran. La unión sexual humana expresa corporalmente la unión de los cónyuges y su apertura a la vida. Juan Pablo II nos ayudó, a toda la Iglesia, a ver con mayor claridad esta perspectiva que ya había recogido Pablo VI en su encíclica *Humanae vitae.*

Dice el Catecismo:

«La sexualidad [...] mediante la cual el hombre y la mujer se dan el uno al otro con los actos propios y exclusivos de los esposos, no es algo puramente biológico, sino que afecta al núcleo íntimo de la persona humana en cuanto tal. Ella se realiza de modo verdaderamente humano solamente cuando es parte integral del amor con el que el hombre y la mujer se comprometen totalmente entre sí hasta la muerte (FC 11)» (CEC 2361).

«Los actos [...] con los que los esposos se unen íntima y castamente entre sí son honestos y dignos, y, realizados de modo verdaderamente humano, significan y fomentan la recíproca donación, con la que se enriquecen mutuamente con alegría y gratitud (GS 49). La sexualidad es fuente de alegría y de agrado» (CEC 2362).

«Por la unión de los esposos se realiza el doble fin del matrimonio: el bien de los esposos y la transmisión de la vida. No se pueden separar estas dos significaciones o valores del matrimonio sin alterar la vida espiritual de los cónyuges ni comprometer los bienes del matrimonio y el porvenir de la familia. Así, el amor conyugal del hombre y de la mujer queda situado bajo la doble exigencia de la fidelidad y la fecundidad» (CEC 2363).

Los seres humanos nacemos notablemente discapacitados y con unas exigencias muy altas de atención y cuidados hasta la madurez, que exige muchísima atención y durante muchos años a los padres y educadores. Por eso, son una escuela de generosidad, la más importante y extendida que existe sobre la tierra. Una auténtica escuela de santidad y un ámbito natural y privilegiado de la realización humana para muchas personas. Aunque nunca se produzca en condiciones ideales y estemos tan acostumbrados a verlo. Los cristianos sabemos que las personas se realizan en el amor a Dios y a los demás. Y las exigencias familiares suscitan natural y espontáneamente esa generosidad en muchísimas personas que quizá nunca se les hubiera ocurrido en teoría, pero que, en la práctica responden honradamente a lo que la vida les pide.

La Iglesia como familia y el celibato

El matrimonio es un sacramento de la Iglesia. Cada familia es un reflejo particular de la comunión o unión de personas en la caridad, que es la Iglesia. La Iglesia tiene dos sacramentos "al servicio de la comunidad" con los cuales crece como institución[10]: el sacerdocio y el matrimonio.

La Iglesia aprecia enormemente el valor de la familia. Le sirve de modelo para pensar las relaciones que los cristianos han de tener con Dios y entre sí, en la vida de la Iglesia. Porque toda la vida cristiana debe tener ese tono familiar, con un Dios que es Padre y unos hijos que somos hermanos. Además, gran parte la Iglesia está construida sobre las relaciones familiares, porque son el medio más natural y habitual de transmitir la vida de la fe. La vida de la Iglesia ayuda mucho a la vida de las familias. Y la vida de las familias hace crecer la Iglesia.

Por voluntad de Dios, en la Iglesia han existido siempre personas célibes, que dedican sus vidas al servicio de la Iglesia, siguiendo el ejemplo de Jesucristo, de san Juan y de san

---

[10] CEC 1534.

Pablo, y de tantos otros. No por desprecio del matrimonio, sino precisamente como complemento, porque les toca dedicar a la vida de la Iglesia las energías que hubieran podido dedicar a fundar y atender su propia familia. Hacen de la Iglesia su familia. Y con su generosidad deben hacer que la Iglesia tenga ese aire de familia, de acogida y de atención por las nuevas vidas. Y así ellos realizan también espiritualmente las aspiraciones de paternidad y maternidad.

Esta vocación, que es una verdadera entrega, resulta incomprensible para las personas con mentalidad consumista. Les parece una locura o una trampa. Piensan que es preciso sacar placer a todo lo que se pueda. Y que eso es aprovechar la vida y lo demás es perderla. Pero esta visión desconoce el sentido y valor de la sexualidad humana, no imagina otros valores que las satisfacciones elementales, e ignora cómo es la realización humana. Los matrimonios cristianos integran el impulso sexual en su amor mutuo y en dar la vida a sus hijos, generalmente con mucho sacrificio personal. Y los célibes ofrecen al Señor esa inclinación santa y noble a la vida conyugal y familiar, para realizarla de otro modo en la vida de la Iglesia.

Dice el Catecismo:

«Todos los ministros ordenados de la Iglesia latina, exceptuados los diáconos permanentes, son ordinariamente elegidos entre hombres creyentes que viven como célibes y que tienen la voluntad de guardar el celibato "por el Reino de los cielos" (*Mt* 19, 12). Llamados a consagrarse totalmente al Señor y a sus "cosas" (cfr. *1 Co* 7, 32), se entregan enteramente a Dios y a los hombres. El celibato es un signo de esta vida nueva al servicio de la cual es consagrado el ministro de la Iglesia; aceptado con un corazón alegre, anuncia de modo radiante el Reino de Dios (cfr. *PO* 16)» (CEC 1579).

Al decir que es "signo de una vida nueva" se refiere al cielo, donde ya no habrá uso de la sexualidad ni se generarán nuevas vidas. A los sacerdotes y los religiosos les corresponde en la Iglesia un testimonio público de vida delante de Dios y una dedicación a los demás.

También para los que quedan solteros y solos, o los matrimonios que quedan sin hijos, es una ocasión para orientar la vida hacia el servicio a Dios y a los demás. Aunque no tengan una vocación particular, pueden descubrir en esta entrega un horizonte de vida. El doble mandamiento de la caridad inspira todas las situaciones y vocaciones cristianas.

6.
LA MENTE CRISTIANA
PARA LA SOCIEDAD[1]

«La multitud de los creyentes tenía un solo corazón y una sola alma. Nadie consideraba suya ninguna de sus posesiones, sino que lo tenían todo en común» (*Hch* 4, 32).

«La Iglesia no tiene soluciones técnicas que ofrecer y no pretende "de ninguna manera mezclarse en la política de los Estados". No obstante, tiene una misión de verdad que cumplir en todo tiempo y circunstancia en favor de una sociedad a la medida del hombre, de su dignidad y de su vocación» (Benedicto XVI, *Caritas in Veritate*, 9).

La Iglesia católica tiene una gran tradición de pensamiento social, recogida en la "Doctrina social de la Iglesia"[2]. Nace de las fuentes de la fe y ha crecido meditando su larga experiencia histórica gracias a muchos grandes

---

[1] Me permito recomendar un antiguo, pero muy lúcido y breve folleto del canonista Javier Hervada, *Doctrina social de la Iglesia*, de la colección MC (Mundo Cristiano) de la editorial Palabra. Se puede encontrar fácilmente en pdf.

[2] Cfr. CEC 1877-1948.

pensadores cristianos. Empecemos por recordar la sociedad ideal que aparece en el Apocalipsis: el cielo.

UN IDEAL DE SOCIEDAD

«Vi la ciudad santa la nueva Jerusalén, que bajaba del cielo junto a Dios, engalanada como una novia ataviada para su esposo. Y oí una fuerte voz que decía desde el trono: "Esta es la morada de Dios con los hombres. Pondrá su morada entre ellos y ellos serán su pueblo y él, Dios-con-ellos, será su Dios. Y enjugará toda lágrima de sus ojos, y no habrá ya muerte ni habrá llanto, ni gritos ni fatigas, porque el mundo viejo ha pasado"» (*Apoc* 21, 2-4). Con la imagen de la ciudad santa, el libro del Apocalipsis describe el cielo, donde Dios reunirá a todos los hombres que hayan sido fieles: «Verán su rostro y llevarán su nombre en la frente» (*Apoc* 22, 4).

Esta es la Ciudad de Dios, la ciudad final, la ciudad perfecta. Presidida por los dos mandamientos de la caridad: el amor a Dios sobre todas las cosas y el amor al prójimo, que forja la unidad entre los humanos, la comunión de los santos. Sus ciudadanos se sabrán hijos de Dios y hermanos entre sí, ya para siempre. No habrá en ella pecado ni violencia. Estará llena de belleza y de paz, con la naturaleza reconciliada. Y con la alegría de una gran fiesta de familia bien avenida. Porque hay que recordar que Jesucristo cuando anunció el cielo lo comparó con un banquete de bodas.

Dios lo hará al final de la historia. Entretanto los cristianos procuramos que la ciudad terrena en que la vivimos se acerque a este modelo participando de sus dos amores. Y también de su fiesta, que la Iglesia celebra cada domingo, el día del Señor. Un antiguo texto cuenta cómo eran los cristianos del siglo II, en tiempos de persecución:

> Los cristianos no se distinguen de los demás hombres ni por la nación ni por la lengua ni por el vestido (...). Habitan ciudades griegas y bárbaras según le correspondió a cada uno y, aunque siguen los hábitos de cada región en el vestido, la comida y demás género de vida, manifiestan —y así es reconocido— la admirable y singular condición de su ciudadanía. Todos ellos viven en sus respectivas patrias como forasteros, participan en todo como ciudadanos, pero lo soportan todo como extranjeros. Toda tierra extraña es su patria; y toda patria les resulta extraña. Se casan como todos y tienen hijos, pero no los abandonan. Comparten la mesa, pero no la cama. Están en la carne, pero no viven según la carne. Pasan la vida en la tierra, pero tienen su ciudadanía en el cielo. Obedecen las leyes establecidas, pero superan las leyes con su particular manera de vivir. Aman a todos, pero son perseguidos por todos (*Epístola a Diogneto*, V, 1-11).

La fe cristiana es un mensaje universal, que trasciende las fronteras políticas y culturales. No tiene un proyecto político propio ni un programa social. Pero sabe que el ser humano es social y tiene un fin social y, por eso, valora mucho todos los aspectos de la vida social que son el marco en que se desarrolla y realiza la vida humana. Tiene unos principios muy claros sobre la vida social; y aspira reunir a todos los hombres en el amor a Dios y en el amor al prójimo. También conoce el daño que el pecado introduce en las relaciones entre las personas y en la estructura de las sociedades.

El mensaje cristiano lleva consigo:

— una idea del fin de la sociedad y de su orden: el fin, al que todo se ordena, que es el bien común, centrado en las personas (CEC 1923-1924-1926);
— unos ideales de convivencia basados en la justicia, la solidaridad y la caridad;
— una idea sobre la autoridad, su sentido, su justo ejercicio, sus límites y el respeto que merece (CEC 1897-1927);
— una idea sobre el sentido de la riqueza y la necesidad de reducir desigualdades injustas (CEC 1947);
— al mismo tiempo es un fermento del Reino de Dios en el mundo que transforma las sociedades, al difundir libremente el evangelio con el amor al Dios y entre las personas.

UNOS PRINCIPIOS GENERALES SOBRE LA CONVIVENCIA HUMANA

El ser humano es social por naturaleza, que es lo mismo que decir que por voluntad de Dios. Es un aspecto natural y necesario para el desarrollo y perfección de las personas[3]. Cada persona tiene un valor único, y por eso

---

[3] CEC 1879.

es un cierto fin en sí mismo, pero, al mismo tiempo, necesita integrarse en la vida social para ayudar a otros y para realizarse como persona. Toda persona tiene un fin fuera de sí mismo: contribuir a la vida social y ayudar a los demás. Lo personal y lo social son dos aspectos complementarios que deben armonizarse en una vida social donde las personas se integran y, al mismo tiempo, crecen como personas. La mente cristiana no se conforma con una sociedad de individuos aislados ocupados en lo suyo y tampoco acepta una sociedad donde las personas son tratadas como piezas de un sistema.

> Por eso, entre los extremismos liberales y los extremismos socialistas o comunistas, el cristianismo se ha presentado, a veces, como una "tercera vía". No porque defienda una ideología política y económica concreta, sino porque su idea de lo que es la persona como ser social le distancia tanto del individualismo liberal como del colectivismo comunista.

Las sociedades pueden tener diversos fines y adquirir diversas formas, pero toda sociedad humana tiene además el fin de tratar a las personas como personas y contribuir a su desarrollo. Ninguna sociedad, desde una nación a un equipo de ajedrez, puede considerarse justa y aun verdaderamente humana si maltrata a sus miembros o estos se degradan como personas. Esto se expresa diciendo que el primer bien común de cualquier sociedad es la promoción de las personas que forman parte de ella: «El principio, el sujeto y el fin de todas las instituciones sociales es y debe ser la *persona humana*»[4].

---

[4] GS 25, CEC 1881.

Hay sociedades de muchos tipos. Por un lado, la sociedad civil, como conjunto de ciudadanos, que tiene por fin fomentar la convivencia amistosa y la realización personal y social de sus ciudadanos. Por otro lado, las personas se asocian o se suman a muchas otras sociedades: productivas, benéficas y culturales, comunidades de vecinos, etc. Las sociedades particulares tienen fines particulares, pero también tienen como fin propio la promoción de las personas. Un club de tenis tiene como fin propio facilitar la práctica de este deporte, pero también es un ámbito de convivencia social, donde las personas son tratadas como personas y crecen como personas.

Los cristianos tienen motivos profundos para promover en todos los ámbitos una convivencia verdaderamente humana. Creen que todos los seres humanos son hermanos, con un origen común (Dios) y un destino también común en Cristo. El mensaje evangélico defiende que todos los seres humanos son iguales y prohíbe toda discriminación social. Para los cristianos son "prójimos" todas las personas que viven o pasan a su lado, sin distinción de raza, sexo, lengua o nación. Por eso, en cualquier convivencia humana, los cristianos deben crear un ambiente fraterno y pasar por encima de las barreras que separan o enfrentan a los humanos. Forma parte de su misión en el mundo.

Para la fe cristiana, cualquier sociedad humana es una comunidad de personas[5], que deben tratarse como personas. Esto exige respeto y justicia en las relaciones, benevolencia y amabilidad en el trato (amistad social), y solidaridad con los que padecen alguna necesidad. Los

---

[5] CEC 1880.

cristianos aspiran, además, a que se difundan los lazos de la caridad. Son cuatro exigencias diferentes:

— La justicia se refiere a la equidad en todos los tratos y repartos dentro de una sociedad; es la base necesaria para la convivencia y la paz social.

— La amabilidad se refiere a la amistad y aprecio mutuo que debe existir entre los miembros de una sociedad. Se expresa en el esfuerzo por tratar a todos amistosamente, mostrando respeto y aprecio. En todas las sociedades existen formas de trato que ayudan a que la convivencia sea grata, y forman parte importante de la educación social.

— La solidaridad es el sentimiento que une a los miembros de una sociedad, les hace saberse miembros de un cuerpo y los lleva a socorrer a los miembros más débiles y necesitados. Es un sentimiento natural de pertenencia mutua que ayuda mucho a la cohesión y calidad humana de las sociedades.

— La comunión fraterna es el impulso de la caridad cristiana que lleva a tratar a todos como hermanos e hijos de Dios. Va más allá que la justicia, la amabilidad y los sentimientos de solidaridad e impulsa a una generosidad heroica: en la misericordia, en el perdón, en la superación del odio, en la entrega generosa a los demás, que es la realización cristiana de cada persona.

La fe cristiana aspira a que todos los seres humanos amen a Dios como Padre y se amen entre sí como hermanos. Considera que las divisiones, odios y enfrentamientos entre las personas son pecados y tienen su origen en el pecado. Y quiere superar esas divisiones a base de justicia y caridad. Los bienes de una sociedad son la justicia y la paz. Los males son, por eso, la injusticia y la guerra o la enemistad entre los miembros de una sociedad.

LA SOCIEDAD CIVIL O POLÍTICA

Como el ser humano es social, la existencia de las sociedades civiles debe considerarse un fenómeno natural y querido por Dios, aunque las naciones y los estados se han configurado en la historia con la intervención de muchos, diversos y variables factores étnicos, culturales y políticos.

La convivencia humana exige un orden, cierta estructura, leyes o normas y una autoridad. Esto también forma parte de la naturaleza de la sociedad y, en esa medida, debe considerarse voluntad de Dios. Es como una ecología social. La existencia de una autoridad es necesaria para ordenar la convivencia, para poder afrontar eficazmente las tareas comunes y aprovechar los recursos, para distribuir las cargas y beneficios, para ejercer la justicia y reprimir el crimen, para garantizar la solidaridad.

Puede adquirir, y ha adquirido de hecho, muchas formas a lo largo de la historia. Es necesaria una armonía entre el poder que debe ejercer la autoridad para cumplir su misión y la libertad de que deben gozar los ciudadanos para realizarse como personas. El Estado no es el propietario de la sociedad, sino su servidor. Y con ese espíritu debe ejercerse la autoridad en cualquier ámbito de la vida social.

Históricamente, la Iglesia se ha enfrentado a las aspiraciones ácratas, que desean suprimir el Estado; y al liberalismo extremo, que, para defender las libertades individuales, reduce el Estado a garante de la paz social, pero lo expulsa de la vida económica y educativa. Imagina que el bien común de la sociedad puede alcanzarse sin más con la libre iniciativa de los particulares. La experiencia demuestra que no es así. La doctrina social de la Iglesia considera que la autoridad tiene un papel regulador en la vida económica y en la educación, y debe velar por la solidaridad. En el otro extremo, la Iglesia se ha enfrentado con las doctrinas totalitarias (socialistas, comunistas, nacionalsocialistas, etc.), donde el Estado se considera propietario de la sociedad y de todos sus aspectos: cultura, educación y economía. Elimina injustamente los derechos y la iniciativa de los ciudadanos y reduce al mínimo su libertad. Se convierte en fin de sí mismo, cuando el fin de la sociedad es el desarrollo humano de sus miembros.

El Estado tiene algunas funciones propias que siempre debe ejercer: velar por el bien común, establecer las leyes y aplicar la justicia, reprimir el crimen, defender a la sociedad y cuidar de los más débiles. Hay algunas donde se ha mostrado necesaria su intervención (servicios públicos). Y en la mayor parte de los campos de la vida social, su función es subsidiaria: debe intervenir para regular, alentar o sostener —y a veces corregir o completar— la iniciativa social, pero no debe suplantarla. El Estado está para servir a la vida social y no al revés. Debe aumentar y no disminuir el espacio de libertad de los ciudadanos, la educación, la cultura, la vida económica y la solidaridad.

Es muy bueno para la sociedad y para las personas que los ciudadanos, en particular o asociándose, promuevan iniciativas para diversos fines: culturales, deportivos, educativos, asistenciales. Esto desarrolla la libertad y responsabilidad de las personas, aumenta las relaciones sociales (socialización), y moviliza muchas más energías para la promoción del bien común. La riqueza de una sociedad depende de la riqueza y variedad de sus instituciones y asociaciones libremente promovidas por sus ciudadanos[6]. La promoción de asociaciones para diversos fines no es una concesión de la autoridad, sino un derecho elemental de los ciudadanos y una riqueza muy grande de las sociedades.

La doctrina social de la Iglesia ha formulado el *principio de subsidiaridad,* que se aplica a todos los ámbitos de la vida social. Lo que puede hacer una sociedad menor o los ciudadanos por su cuenta, no lo debe hacer una sociedad superior o el Estado. Recuerda el papa Juan Pablo II:

> Una estructura social de orden superior no debe interferir en la vida interna de un grupo social de orden inferior, privándole de sus competencias, sino que más bien debe sostenerle en caso de necesidad y ayudarle a coordinar su acción con la de los demás componentes sociales, con miras al bien común (*Centesimus annus*, 48).

La tradición cristiana es especialmente sensible en el ámbito de la educación, debido al debate histórico que ha existido y a las tentaciones totalitarias de muchos

---

[6] CEC 1882.

regímenes políticos en el pasado y en el presente. Defiende el derecho fundamental de los padres a educar a sus hijos de acuerdo con sus convicciones. Este derecho supone, entre otras cosas, el derecho a promover centros educativos; también el derecho a intervenir y participar en la orientación de los centros públicos en que estudian sus hijos. El único límite, como siempre, es el respeto al bien común.

Es misión de la autoridad promover la justicia y reprimir eficazmente el crimen mediante las leyes y el uso adecuado de la fuerza pública. Además, le toca repartir con justicia las cargas y los beneficios que genera la vida social. A esto se le llama, "justicia distributiva". Un gobernante es justo cuando reparte las cargas y los beneficios con justicia, de acuerdo con las leyes y las cualidades y necesidades de las personas. Es corrupto, en cambio, cuando se deja llevar por favoritismos o se aprovecha de su poder para obtener ventajas propias o enriquecerse.

En justa correspondencia, los ciudadanos están obligados en conciencia a contribuir a las cargas de la sociedad. Es una falta de justicia —un robo— defraudar en los impuestos; y es moralmente obligatorio restituir lo que se ha robado. Aunque los ideales de justicia cristianos son ampliamente compartidos, al menos en teoría, es frecuente encontrarse en situaciones duras o corruptas en la vida política y en la vida económica; y los cristianos tienen que luchar por ser ejemplares, servir honestamente al bien común y mantener su conciencia limpia de corrupción.

Una parte importante de la vida social consiste en el desarrollo de la cultura y la economía: de los bienes espirituales y materiales. Y pertenece a la justicia y solidaridad que todos los miembros de una sociedad puedan beneficiarse de esos bienes.

Es misión de los gobiernos que todos tengan suficiente acceso a los bienes culturales, muy especialmente a la educación; fomentar que quienes poseen más bienes contribuyan más a sostener las cargas de la vida social y de la cultura; y velar por la solidaridad, para atender las necesidades de los más desfavorecidos.

Los motores del progreso económico y cultural de una sociedad son la *educación de los nuevos ciudadanos* y *el trabajo profesional de todos*. Y, por supuesto, también se necesitan las infraestructuras adecuadas. Desgraciadamente esta doctrina elemental ha sido muy oscurecida por las ideologías de los siglos pasados, que han querido arreglar el mundo con ideas abstractas, revoluciones sangrientas y estados totalitarios y con frecuencia criminales.

La tradición cristiana estima mucho *el valor del trabajo* para el desarrollo de las personas y de las sociedades; incluyendo también las tareas domésticas o asistenciales a personas (niños, ancianos, enfermos), que prestan un gran servicio y merecen apoyo social. El mensaje evangélico considera que trabajar es obligación de todos, y, al mismo tiempo, un derecho. Es muy conveniente que todas las personas maduras realicen un trabajo competente y responsable con el que contribuyen a la vida social y obtienen los medios para sostenerse y desarrollarse como personas. Evitar el paro debe ocupar un lugar importante entre los objetivos de gobierno y de la iniciativa social.

Los cristianos han promovido desde la primera hora centros educativos y de formación profesional que han contribuido grandemente a la promoción de las personas y al desarrollo de las sociedades. La educación general y la formación para el trabajo son factores de primer orden para el desarrollo de las personas en particular y de las sociedades.

La creación de puestos de trabajo y la producción de bienes y servicios es un bien para la sociedad. Prestan un gran servicio a la sociedad las personas y las sociedades que los promueven, siempre que el trabajo se haga en condiciones dignas, de forma que las personas se realicen y no se degraden con su trabajo. Y siempre que tengan una remuneración justa, que permita a los trabajadores mantenerse dignamente y mantener a su familia. Una empresa es una sociedad de personas y debe regirse por ese criterio, además de la rentabilidad económica (que es necesaria para poder subsistir como empresa). El trabajo nunca puede tratarse como una mercancía que se compra en el mercado.

Hay un interés natural en emplear las propias capacidades para mejorar de posición o realizar alguna empresa. Este interés es legítimo, es un derecho de las personas y un gran motor de la vida económica y social. Desde el punto de vista político, se debe favorecer esta iniciativa, aunque también sea necesario ordenarla para que contribuya a sostener las cargas sociales en la medida en que se beneficia de sus servicios. Por otro lado, cada uno debe poner un justo orden en su actividad: prestar la atención debida a su familia, al trato con Dios, al cultivo del espíritu, y al necesario descanso.

Cada persona tiene derecho a disfrutar de los beneficios de su trabajo, a crear riqueza y a transmitir la que tiene a sus descendientes. La doctrina social cristiana considera la propiedad como un derecho básico de las personas que expresa, defiende y desarrolla su libertad y responsabilidad; y les da garantías para el futuro. También contribuye a la adecuada conservación de los bienes. El recto orden social exige que la propiedad tenga unos cauces seguros, y la sociedad debe protegerlos. Al mismo tiempo, precisamente porque se trata de un bien, el Estado y la iniciativa social deben procurar que la propiedad se difunda.

El derecho de propiedad tiene límites. No es un derecho absoluto al disfrute egoísta. El mundo ha sido entregado por Dios a todos los hombres. De manera que sería injusto que algunos permanecieran desposeídos de todo, mientras otros viven en la abundancia. Para la fe cristiana, todos los bienes tienen encima una "hipoteca social", una obligación de que sirvan para todos. Por eso, por ejemplo, la tradición cristiana no considera robo lo que se toma en caso de necesidad extrema. Dice la *Didaché*:

> No seas de los que extienden la mano para recibir y la encogen para dar (...). No te apartarás del necesitado, sino que compartirás todas las cosas con tus hermanos y no dirás que son tuyas. Si somos copartícipes en lo inmortal, ¿cuánto más debemos iniciarlo desde aquí? Pues el Señor quiere dar a todos de sus dones (IV, 5-8).

En circunstancias ordinarias, nadie tiene derecho a apropiarse por su cuenta de los bienes ajenos. El Estado puede gravar convenientemente el disfrute de bienes o rentas y los signos de lujo para atender las necesidades de los demás y, en particular, de los más desfavorecidos. Por su parte, quienes gozan de muchos bienes tienen la obligación moral de emplearlos solidariamente de forma que beneficien a los demás. Deben recordar que el Señor les pedirá cuenta de su administración. Todos los cristianos deben destinar parte de sus bienes a ayudar a los demás y a las necesidades de la Iglesia. Los primeros cristianos nos dejaron un ejemplo heroico al compartir sus bienes. Ese ejemplo se mantiene vivo en las comunidades religiosas, y así será en el Cielo.

LOS CRISTIANOS EN LA SOCIEDAD PLURALISTA

Los cristianos quieren ser buenos ciudadanos en cualquier lugar donde viven; respetar las leyes y las autoridades legítimas. Desean contribuir al bienestar de la sociedad con su trabajo y participar en las cargas de la vida pública. Cuidan de sus familias y velan por la educación de sus hijos. Prestan una atención especial a los más necesitados y procuran extender entre todos el buen entendimiento y los sentimientos de fraternidad. Con esto, contribuyen grandemente a la vida social. Así ha sido desde el principio.

Los cristianos deben tener una efectiva preocupación por todo lo que se refiere al bien común de su sociedad. Pero el mensaje evangélico, como hemos dicho, no contiene ningún programa político concreto. Hay una justa autonomía de las realidades temporales, sobre el modo en que deben entenderse y gestionarse los asuntos públicos. Es necesario generalmente un esfuerzo de información y un estudio sereno para resolver las cuestiones públicas. También es preciso un generoso espíritu de cooperación. No suelen existir soluciones únicas en estos temas. Puede haber, también entre los cristianos, una legítima disparidad de opiniones o de intereses. En todas las circunstancias, procurarán tratarse con respeto, protegiendo la concordia y la paz social, que es uno de los mayores bienes de una sociedad.

Es un gran bien que todos puedan expresar libremente sus convicciones y contribuir mediante el diálogo al enriquecimiento de la vida pública. Este es la justificación y la base del sistema democrático. Los parlamentos y las cámaras existen para que se puedan tener en cuenta todas las voces y lograr acuerdos con el mayor consenso posible. Entender la vida democrática como un combate entre ideologías es más bien un vicio histórico del sistema, que perjudica la resolución de los problemas, reduce la libertad, envilece la vida política y es contrario a los ideales cristianos.

Todos contribuyen al bien común cuando exponen honrada y responsablemente lo que piensan sobre los asuntos públicos y cuando defienden razonablemente sus intereses legítimos. El principio de tolerancia pide que no haya discriminación por razones religiosas o políticas. Los cristianos deben considerarse, en todo, como los demás ciudadanos, y ejercer responsablemente sus derechos civiles y políticos, aportando su empeño fraterno y solidario y sus ideales sobre la sociedad civil.

Su conciencia social les debe impulsar a participar activa y generosamente en la vida social y política. Deben prestar especial atención a las leyes e iniciativas sobre la libertad religiosa, la educación, la familia y la solidaridad o asistencia social. La caridad cristiana impulsa a cuidar especialmente de los más necesitados, tanto en la acción pública, como en la libre iniciativa social. Una sociedad con una presencia cristiana importante debe distinguirse por su solidaridad en el ámbito nacional e internacional.

La Iglesia en la sociedad civil

La Iglesia es, al mismo tiempo, un misterio de fe y una estructura visible querida por el Señor en sus rasgos esenciales: con su distribución en diócesis con un obispo a la cabeza, en comunión con la sede de Roma, y con muchas instituciones que han ido apareciendo en la historia. En todos los países de tradición cristiana, la Iglesia se ha desarrollado mucho antes que las instituciones del Estado; y cuenta con un reconocimiento jurídico que ha cambiado según las circunstancias históricas.

El Señor quiso que se distinguiera lo que se debe a Dios y lo que se debe a la sociedad civil: «Dad al César lo que es del César y a Dios lo que es de Dios» (*Mt* 22, 21). Los cristianos deben sentirse "ciudadanos de las dos ciudades", distinguiendo lo que deben a la Iglesia y al Estado. Son dos ámbitos diferentes. No es misión de la Jerarquía de la Iglesia dirigir los asuntos públicos. Ni misión del Estado dirigir los asuntos de la Iglesia.

La Iglesia existe dentro del ámbito de una sociedad civil, aunque también lo supera. Tiene derecho a realizar su misión de enseñar, celebrar y desarrollar las obras de la caridad. Los obispos tienen el derecho y el deber de enseñar públicamente la doctrina cristiana. Las comunidades cristianas tienen derecho a celebrar su fe, también públicamente, respetando el bien común. Las instituciones de la Iglesia tienen derecho a llevar adelante su misión en el campo educativo y asistencial. Los cristianos tienen también derecho a asociarse por distintos fines. Todo esto debe considerarse un ejercicio natural de derechos en el marco de una sociedad democrática. Por su parte, el Estado tiene derecho a regular la forma jurídica de las instituciones que operan en los ámbitos de la educación y de la asistencia, y las manifestaciones públicas, en orden al bien común. También tiene derecho a juzgar los delitos.

Aunque en la historia se han dado diversas fórmulas, las sociedades modernas han asumido un principio de libertad religiosa. De manera que todos los ciudadanos, independientemente de su fe religiosa, tienen los mismos derechos civiles y son iguales ante la ley. Esta fórmula ha sido reconocida también por la Iglesia como más conforme a sus principios morales.

Esta igualdad se refiere a los derechos civiles. Pero no, lógicamente, a la cultura y tradiciones de los pueblos. Muchos países tienen una antigua tradición cristiana, inserta en sus costumbres, tradiciones y fiestas. La igualdad ante la ley exige que todas las personas puedan expresar su fe respetando el bien común; pero no exige suprimir las tradiciones religiosas ya existentes. La cultura es un bien de los pueblos que se enriquece y cambia libremente.

La experiencia histórica enseña que la vida política no siempre es respetuosa con los derechos civiles de los cristianos o de las instituciones de la Iglesia. A veces, ha sido inspirada por ideologías totalitarias, que quieren ocupar el lugar de Dios y gobernarlo todo, o por un laicismo militante que busca reducir la religión al ámbito privado. Pero el Estado no es el propietario de la sociedad y estas acciones son contrarias a los derechos elementales de las personas y al sentido de la cultura humana.

La Iglesia es también un misterio de fe, que inspira la sociedad donde vive. Es sacramento universal de salvación, fermento para que el Reino de Dios crezca en el mundo. Es su misión difundir el amor a Dios y el amor fraterno entre los hombres, y convocarlos para celebrar la salvación de Dios. Esto se expresa especialmente en la Eucaristía, cuando reúne a los hombres fraternalmente para dar gloria a Dios y celebrar el misterio pascual.

7.
EL ESTILO DEL VIVIR CRISTIANO

«El fruto del Espíritu es amor, alegría, paz, paciencia, afabilidad, bondad, fidelidad, modestia, dominio de sí. Y los que son de Cristo Jesús han crucificado la carne con sus pasiones y deseos» (G 5, 22-24).

«La virtud es una disposición habitual y firme para hacer el bien. Permite a la persona no sólo realizar actos buenos, sino dar lo mejor de sí misma» (CEC 1803).

EL TESTIMONIO DE LA HONRADEZ

En los libros que componen la Biblia, se dice que es justo el que ama verdaderamente la Ley de Dios y hace todo lo posible por cumplirla. Su amor a Dios y el respeto que le tiene le lleva a amar y cumplir. A vivir de acuerdo con el orden de la realidad, y a poner por delante a Dios y sus deberes para con los demás, antes que sus propios gustos y ventajas.

«Los que temen al Señor no desobedecen sus palabras, los que le aman guardan sus caminos. Los que temen al Señor buscan su agrado, los que le aman cumplen su ley» (Si 2, 15-16); «Hijo mío, si aceptas mis palabras y retienes mis

mandatos prestando atención a la sabiduría y abriendo tu
mente a la prudencia; si invocas a la inteligencia y llamas a
la prudencia, si la buscas como al dinero y la rastreas como
un tesoro, entonces comprenderás el temor de Yahvé y en-
contrarás el conocimiento de Dios» (*Pr* 2, 1-5).

Es justo el que quiere vivir de acuerdo con la Ley de Dios
y la justicia, el que no se deja desviar de ese camino ni por
obtener alguna ventaja, ni por ceder a presiones injustas, ni
por la propia pereza y debilidad. Por eso, por no desviarse
ni a un lado ni a otro, también se le llama "rectitud".

Por encima de todo vigila tu corazón porque de él brota
la vida. Aparta de tu boca el engaño y aleja la falsedad de
tus labios; que tus ojos miren de frente y que tu mirada
sea franca (...). No te desvíes a la derecha o a la izquierda y
aleja tus pasos del mal (*Pr* 4, 23-27).

En todos los lugares donde arraiga el amor de Dios y
de su justicia, se producen este tipo de personas, que
dejan un ejemplo de honradez y rectitud y dan un testimonio de madurez humana. Y realizan, en el fondo, el
mismo patrón: son personas que han sabido ser fieles a
sus creencias y amores; han madurado en el fiel cumplimiento de sus deberes y responsabilidades; y han entregado sus vidas en servicio de los demás. Es el ejemplo
de muchos padres y madres de familia abnegados, muchos sacerdotes que han vivido con entrega, muchos
religiosos y religiosas fieles, muchas personas que se han
dado a los demás. Manifiestan este ideal de vida y sirven de inspiración y aliento para todos los cristianos. Es
una hermosa manera de vivir.

La Biblia está llena de alabanzas a los hombres justos. Ser honrado significa ser digno de honra. En la cultura clásica, la honradez era una virtud muy apreciada, pero se esperaba recibir ese reconocimiento de los demás. La vida cristiana se pone delante de Dios y aspira a llevar «una vida digna del Evangelio de Cristo» (*Flp* 1, 27)[1].

La Sagrada Escritura y la experiencia muestran algunos rasgos destacados propios de las personas honradas: el sentido de la fidelidad, el amor a la verdad, el deseo de justicia, el desprendimiento personal y la preocupación por los más débiles. Son especialmente bellos los consejos que da Tobías a su hijo en este libro, que es un pequeño resumen de sabiduría:

Acuérdate, hijo, del Señor todos los días y no quieras pecar ni transgredir sus mandamientos; practica la justicia todos los días de tu vida y no andes por caminos de injusticia (...). Ama a tus hermanos; no tengas con tus hermanos, ni con los hijos y las hijas de tu pueblo, corazón soberbio. (...) No retengas el salario de los que trabajan para ti (...). Pon cuidado, hijo, en todas tus acciones y muéstrate educado en toda tu conducta. No hagas a nadie lo que no quieras que te hagan. No bebas vino hasta emborracharte y no hagas de la embriaguez tu compañera de camino. Da de tu pan al hambriento y de tus vestidos al desnudo. Haz limosna de todo cuanto te sobra y no recuerdes las rencillas cuando hagas limosna (...). Busca el consejo de los prudentes y no desprecies ningún aviso saludable. Bendice al Señor Dios en toda circunstancia, pídele que sean rectos todos tus caminos y que lleguen a buen fin todas

---

[1] CEC 1692.

tus sendas y proyectos (...). Así, pues, hijo, recuerda estos mandamientos y no permitas que se borren de tu corazón (*Tb* 4, 5-21).

Ser justo, tener buen sentido para juzgar lo que es conveniente en cada caso, esto es la prudencia en su sentido original. Pero también hace falta ser capaz de dominar las propias pasiones, para no ser desviado por ellas. Y tener la fortaleza necesaria para vencer la pereza para hacer el bien y el miedo al qué dirán. La justicia necesita de las otras virtudes clásicas: la prudencia o sensatez para decidir bien, la templanza o sobriedad para dominar los propios deseos viscerales, la fortaleza o valentía para vencer el temor y la pereza. Y también necesita la fuerza de la caridad.

Ser fiel

Una persona es fiel cuando mantiene su adhesión a lo que cree, a lo que ama y a lo que promete. Las convicciones, los amores y la palabra dada piden fidelidad. No es fiel el que no vive de acuerdo con sus convicciones, el que traiciona sus amores y el que no cumple con su palabra y sus compromisos. La fidelidad se prueba, sobre todo, ante los inconvenientes, cuando exige sacrificio personal o se expone a la burla de los demás. A veces, pueden darse circunstancias extraordinarias, que exigen heroísmo. Pero, generalmente, el mayor enemigo de la fidelidad es, internamente, la pereza; y, externamente, el miedo al qué dirán o la vergüenza.

El Señor siempre es fiel a su palabra y su Alianza; y el cristiano también debe ser fiel a su fe en Dios y al mensaje moral de Jesucristo. Debe dar testimonio[2], especialmente si la situación es difícil, en tiempos de persecución. La Iglesia tiene una espléndida tradición de mártires, que han sabido vivir su fe, aunque les costara la vida[3]. No es necesario provocar, ni hacer alardes, ni ofender a nadie, pero no podemos negar al Señor por miedo o por vergüenza.

«No les tengáis miedo. Pues no hay nada encubierto que no haya de ser descubierto, ni oculto que no haya de saberse. Lo que yo os digo en la oscuridad, decidlo vosotros a la luz; y lo que oís al oído, proclamadlo desde los terrados. Y no temáis a los que matan el cuerpo, pero no pueden matar el alma (...). Por todo aquel que se declare por mí ante los hombres, yo también me declararé por él ante mi Padre que está en los cielos; pero a quien me niegue ante los hombres, le negaré yo también ante mi Padre que está en los cielos» (*Mt* 10, 26-33); «Quien se avergüence de mí y de mis palabras en esta generación adúltera y pecadora también el Hijo del hombre se avergonzará de él cuando venga en la gloria de su Padre con los santos ángeles» (*Mc* 8, 38).

Las personas honradas son ejemplo y estímulo para otros con buen corazón, pero están expuestas a un particular tipo de resentimiento porque su modo de vivir hace que otros se sientan acusados o incómodos. Sin pretenderlo, se convierten en "signo de contradicción", como nuestro Señor Jesucristo. Hacen reaccionar a las personas que tienen a su alrededor. Muchos son estimulados al bien y es un motivo de conversión, pero otros reaccionan mal.

---

[2] CEC 2471-2472, 2465.
[3] CEC 2473-2474.

El Señor advirtió a sus discípulos: «Si el mundo os odia, sabed que a mí me ha odiado antes que a vosotros. Si fuerais del mundo, el mundo amaría lo suyo, pero como no sois del mundo, porque yo al elegiros os he sacado del mundo, por eso os odia el mundo. Acordaos de la palabra que os he dicho. El siervo no es más que su señor. Si a mí me han perseguido, también os perseguirán a vosotros; si han guardado mi palabra, también guardarán la vuestra» (*Jn* 15, 18-20). Comparando la labor cristiana a la del alma en el cuerpo, dice un antiguo texto cristiano: «Sin que haya afrenta que lo justifique, la carne odia y combate al alma, porque esta le impide entregarse a los placeres. Sin que haya afrenta que lo justifique, el mundo odia a los cristianos, porque estos se enfrentan a los placeres. A pesar del odio que recibe, el alma ama a la carne y a sus miembros; y los cristianos aman a los que los odian» (*Epístola a Diogneto*, VI, 5).

AMAR LA VERDAD

«Pues recta es la palabra de Yahvé, su obra toda fundada en la verdad» (*Sal* 33 [32], 4). En una ocasión, el Señor alabó a uno de sus nuevos discípulos: «Aquí tenéis a un israelita de verdad, en quien no hay engaño» (*Jn* 1, 47). El verdadero israelita es el que quiere vivir delante de Dios, de cara a la verdad. Eso da a la conducta humana transparencia y belleza.

Se llama verdad a la conformidad de las palabras con el pensamiento. Vivir según la verdad es vivir de acuerdo con lo que se es y de acuerdo con lo que Dios quiere para nosotros[4]. Con naturalidad y sencillez, sin buscar llamar

---

[4] CEC 2470.

102

la atención y sin necesidad de hacer comedia o de ocultarse, porque el que procura vivir de acuerdo con la Ley de Dios no tiene nada que ocultar. La naturalidad lleva también a reconocer honradamente los propios fallos, a arrepentirse y a pedir perdón cuando toca.

> La verdad como rectitud de la acción y de la palabra humana, tiene por nombre *veracidad*, sinceridad o franqueza. La verdad o veracidad es la virtud que consiste en mostrarse veraz en los propios actos y en decir la verdad en sus palabras, evitando la duplicidad, la simulación y la hipocresía (CEC 2468).

Decir la verdad es decir lo que se piensa. Sin permitirse dobleces, ni mentiras ni engaños. Cuando una persona habla, abre su corazón y si dice lo contrario de lo que piensa, corrompe su corazón. Es un hermoso ideal moral decir siempre la verdad. El Señor lo pidió a sus discípulos.

> Por contraste, el proceso que llevó a Jesús a la muerte muestra lo que es no amar la verdad. Muchos, que se sentían acusados por su predicación, estaban dispuestos a usar cualquier testimonio, incluso falso, con tal de matarlo. Y, Pilato, aunque pensaba que no había hecho nada malo, lo entregó a la muerte, mientras preguntaba «¿qué es la verdad?» y se lavaba las manos.

No es necesario decir todo a todos. Muchos oficios (sacerdotes, médicos, abogados, consejeros económicos, etc.) llevan consigo la obligación de guardar secreto. Y sería una injusticia, a veces muy grave, revelar lo que se sabe o hacer uso de ello en beneficio propio o haciendo daño injusto a otra persona[5]. También cualquier persona está obligada a respetar lo que le han confiado sus parientes y amigos. La persona justa sabe poner freno a su boca, y no se le escapan imprudentemente lo que no debe decir, ni habla sin saber, ni hace daño injusto con su palabra.

> ¿Quién pondrá guardián a mi boca, y un sello de prudencia en mis labios, para que no me hagan caer y mi lengua no me pierda? (*Si* 22, 27).

Quienes tienen por oficio informar o enseñar necesitan una alta estima de la verdad, y sentido de su responsabilidad, al mismo tiempo que de la belleza de su misión por el gran servicio que prestan. Han de formarse bien para enseñar o comunicar con justicia y para ayudar a los demás a encontrar la verdad, que, en todos los campos, es un tesoro. Especialmente, en lo que se refiere a Dios y al sentido de la vida.

> Hoy las circunstancias exigen a los cristianos que se dedican a tareas de enseñanza y de información pública una profunda formación cristiana, para que puedan juzgar adecuadamente la información que manejan, puedan iluminar a los demás y sepan dar testimonio de su fe. El enorme cúmulo de información y de conocimientos que hoy existe es, con frecuencia, poco manejable. Y esto permite que circulen y se conviertan en tópicos informaciones, valoraciones históricas o simplificaciones de teorías científicas que son falsas y que, a veces, pueden dañar la fe de una persona poco formada. El servicio de la verdad, en cualquiera de sus campos, es un

---

[5] CEC 2490-2492, 2469, 1807.

gran servicio. La Iglesia ha tenido siempre en mucha estima y como parte inseparable de su misión las tareas de educación y de difusión de la cultura.

El hambre de justicia

La Sagrada Escritura repite constantemente que la reverencia o el santo temor de Dios es el inicio de la sabiduría, porque lleva a cumplir con amor su santa Ley. No se trata de un cumplimiento externo ni tampoco de un cumplimiento por miedo al castigo. Sino de una firme y enamorada adhesión a Dios, y una gran veneración que lleva a cumplir gustosamente y como un honor su voluntad. Dice Romano Guardini:

> Quien tiene en el corazón el temor del Señor, distingue entre lo valioso y lo inválido, lo permanente y lo transitorio, lo que tiene vigencia y lo que no es nada. En cuanto se da cuenta de la distinción entre el Dios eterno y la criatura perecedera, desaparece la niebla[6].

Cuando se alcanza un sentido profundo de la justicia, se desea intensamente cumplir los propios deberes. Las personas honradas tienen un sentido muy hondo del deber: de sus obligaciones familiares, de las obligaciones de trabajo, de las responsabilidades sociales. Y les da gusto vivir así, porque les parece bueno y hermoso.

> Si mantienes firme tu corazón y extiendes tus manos hacia Él, si rechazas la maldad que hay en tus manos, sin dar

_____

6 *La sabiduría de los Salmos*, Cristiandad, Madrid 1965, 238.

cabida en tu tienda a la injusticia, entonces alzarás la frente limpia (*Job* 11, 13-15).

Se tiene como horizonte de la vida responder fielmente a lo que la vida va pidiendo: gastarse por la propia familia, por la sociedad y por los más necesitados. Atender debidamente las obligaciones de la vida familiar, del trabajo, de la vida social y de la solidaridad forja, ordinariamente, la madurez cristiana. Y tiene un altísimo valor educativo para los más jóvenes.

Una manifestación principal del amor a la justicia es la sensibilidad hacia las condiciones de los más débiles. Y una santa indignación ante los abusos. La Biblia habla de la indignación de Dios ante los crímenes que "claman al cielo" (*Ex* 22, 21-23). Los niños, ancianos y enfermos están expuestos al maltrato de los adultos; los subordinados, al capricho de sus jefes; los pobres, a la insolencia de los poderosos. La desigualdad y la indefensión dan lugar a muchos abusos e injusticias. Es propio de una persona honrada y de un hombre de Dios, indignarse santamente con el "hambre y sed de justicia" (*Mt* 5, 6) que aparece en las bienaventuranzas. Es emocionante ver, por ejemplo, estos ideales caballerescos en Don Quijote. Conmueve advertir que, aunque estaba loco, y limitado en tantos aspectos, tiene esa grandeza moral: quiere sinceramente ayudar a los necesitados y combatir los abusos contra los débiles.

Ser desprendido de sí mismo y sobrio

Es legítimo dar curso a los propios talentos y buscar la expansión de la propia personalidad. Los talentos son dones de Dios y se deben desarrollar. Las ambiciones de saber, de ejercitar con perfección un arte o una profesión son beneficiosas para la sociedad y pueden prestar un excelente servicio. Es bueno que los educadores las estimulen en los más jóvenes, al mismo tiempo que les enseñan a ponerlas al servicio del Señor y de los demás.

La propia ambición y las aspiraciones legítimas encuentran su cauce natural, cuando se responde honradamente a lo que la vida va pidiendo. En lo demás, es preciso cultivar un desprendimiento de sí mismo que se llama humildad, procurando no centrar la vida en uno mismo: la propia conversación, los propios pensamientos, las propias aspiraciones. El Señor resume esta aspiración en una frase que se repite en todos los evangelios:

> El que encuentre su vida, la perderá y el que pierda su vida por mí, la encontrará (*Mt* 10, 39; *Mc* 8, 34-35; *Lc* 9, 23-24; 17,33; *Jn* 12, 25).

Una vida de servicio es lo contrario de una vida que busca constantemente el propio capricho. Hay que resistir la mentalidad consumista, con una publicidad que presta el servicio de dar a conocer bienes, pero también es una invitación constantemente repetida a vivir dándose gusto. Es excelente cultivar una cierta sobriedad en la comida y en la bebida; en los caprichos y lujos (vestidos, coches, objetos). Esto se consigue siendo generoso en el empleo del propio tiempo y del propio dinero. Basta prestar más atención a los demás y elegir un estilo de vida sencillo.

El descanso es importante para la salud personal; y las fiestas, donde se comparte la alegría, son necesarias para la vida de las familias y de las sociedades. La alegría de vivir juntos es muy cristiana, incluso un cierto anticipo del cielo. Las fiestas cristianas, las fiestas familiares y las fiestas sanas de la sociedad expresan el amor a Dios y el amor al prójimo. Es un aspecto muy importante de la convivencia y también de la evangelización. Suavizan los malentendidos y aumentan los lazos que unen.

El entretenimiento está ordenado al descanso personal y al fomento de la vida social, y también es una ayuda para pasar el tiempo, cuando no se puede emplear de un modo mejor (enfermos, ancianos). Esta es su medida y su orden. Es desordenado, en cambio, dedicar demasiado tiempo, cuando se puede aprovechar para mejorar la propia formación o servir a los demás.

También es preciso prestar atención a los contenidos. Los primeros cristianos dejaron de ir al circo y, con frecuencia, al teatro, cuando ofrecían espectáculos que maltrataban la vida humana o eran obscenos. La misma situación se repite al cabo de los siglos. Los jóvenes son más impresionables y están especialmente expuestos a la presión o a la seducción del medioambiente. Se ha producido un gran cambio cultural, y el "medioambiente" ya no lo produce espontáneamente la vida social (compañeros y amistades, celebraciones sociales), sino que, en gran parte, viene moldeado por los medios (cine, televisión, Internet, videojuegos). Estos se han convertido en la influencia educadora más fuerte de nuestra época, y con frecuencia dependen de intereses comerciales o ideológicos.

Hay tentaciones destructivas (pornografía, droga, alcoholismo, juegos de riesgo, ludopatías, avaricia), que son como remolinos, capaces de tragarse a las personas. Son vértigos que nos llevan a ofender a Dios y a destruirnos. Hay que cuidar la propia libertad. Quien haya tenido la desgracia de quedar enganchado, suele necesitar ayuda externa. Muchas instituciones de la Iglesia se han esforzado en prestar este servicio.

Desde el inicio de la Iglesia, los buenos cristianos han dado un testimonio de alegría con una vida sobria, amando la sencillez y prescindiendo del lujo y de los caprichos innecesarios. Además, los carismas religiosos dan un testimonio público de pobreza. Y así recuerdan a todos el valor de esta virtud que el Señor quiso practicar.

UNOS IDEALES PARA LA EDUCACIÓN

En el seno de unas sociedades consumistas, estos rasgos cristianos brillan más, aunque son más difíciles. Testimonian que hay un modo de vivir más digno y hermoso, de cara a Dios y a los demás, en lugar de cara al egoísmo consumista.

Lo mejor que los padres y educadores pueden dar a los hijos, más que muchas cosas, es una educación en la verdad, en la fidelidad a los amores y a la palabra dada, en la sobriedad y libertad personal, en el espíritu de trabajo, en la generosidad para atender a los más necesitados, y para defender a los más débiles.

Hombre bueno y honrado, hijo de un hombre honrado y bueno, justo y limosnero (*Tb* 9, 6).

Con suavidad, esa educación debe darse a los niños, en la medida en que son capaces. Y, con mayor exigencia, a los jóvenes, que pueden comprender intuitivamente la belleza de esta manera de vivir. Y principalmente con el ejemplo, mostrando la belleza de vivir así. No basta la palabra, aunque es necesaria. Al admirar la belleza de esta manera de obrar, se adquiere amor a la vocación cristiana.

Lo decía Platón y lo recuerda Aristóteles en el libro II de su *Ética a Nicómaco*: hay que ayudar a los niños y a los jóvenes a sentir bien: amor por lo bueno y repugnancia por lo innoble. Es una gran fuerza moral. A los jóvenes les ayuda mucho que sus educadores les hablen con claridad y con cariño en estos temas, combinando comprensión, aliento y exigencia.

Nada te turbe,
nada te espante,
todo se pasa,
Dios no se muda,
la paciencia todo lo alcanza,
quien a Dios tiene
nada le falta,
sólo Dios basta.

8.
LA LIBERTAD Y LA CONCIENCIA MORAL

«Si permanecéis en mi palabra, seréis verda-
deramente mis discípulos; y conoceréis la ver-
dad, y la verdad os hará libres» (Jn 8, 31-32).

«En lo más profundo de su conciencia, el hom-
bre descubre una ley que no se da a sí mismo,
pero a la cual debe obedecer. (…) Es una ley
inscrita por Dios en el corazón del hombre»
(CEC 1776).

La libertad y la deliberación

La inteligencia junto con la libertad son extraordinarias características humanas y una huella de que somos imagen de
Dios. No se pueden explicar materialmente. Dan al ser humano una especial dignidad. Y están profundamente uni-
das. Como somos inteligentes podemos ser libres. Para ser
libres necesitamos que actúe la inteligencia. No hay libertad
sin conocimiento, no hay libertad sin verdad.

«La persona humana participa de la luz y la fuerza del Espíritu divino. Por la razón es capaz de comprender el orden
de las cosas establecido por el Creador. Por su voluntad
es capaz de dirigirse por sí misma a su bien verdadero.

111

Encuentra su perfección en la búsqueda y el amor de la verdad y del bien (cfr. GS 15, 2)» (CEC 1704). «En virtud de su alma y de sus potencias espirituales de entendimiento y de voluntad, el hombre está dotado de libertad, "signo eminente de la imagen divina" (GS 17)» (CEC 1705).

Se habla de libertad de muchas maneras. Esto puede confundir. Hay un aspecto externo de la libertad (libertad externa): las libertades reconocidas y protegidas por el derecho: la libertad religiosa, de residencia, etc. Se refieren a lo externo. Pero la libertad es, ante todo, un fenómeno interior, que se da en la conciencia (libertad interna). Es la capacidad de diseñar nuestras acciones y trazarse un camino para obrar.

Acciones pensadas; acciones que se han decidido si se van a hacer y cómo se van a hacer. A ese proceso, se le llama deliberación. Sin pensamiento, sin deliberación, no hay libertad. Todas las acciones deliberadas son acciones libres; y todas las acciones libres son acciones deliberadas. Si no interviene la razón y delibera sobre lo que conviene hacer, no hay libertad verdadera, sino solo impulsos o condicionamientos.

Qué es la conciencia moral

El núcleo de la persona es su conciencia o, dicho en términos bíblicos, su corazón. Para explicar la conciencia, el Catecismo recoge un hermoso texto del Concilio Vaticano II y explica también el significado bíblico del corazón.

«En lo más íntimo de su conciencia el ser humano descubre una ley que no se da a sí mismo y que debe obedecer.

(…) La conciencia es el núcleo más secreto y el sagrario del ser humano, donde está a solas con Dios, cuya voz resuena en lo más íntimo. De modo admirable, la conciencia enseña esa ley que consiste en el amor a Dios y a prójimo. La fidelidad a la conciencia une a los cristianos con otros para buscar la verdad y resolver en la verdad tantos problemas morales que surgen en la vida personal y social» (*Gaudium et spes*, 16, CEC 1776).

«El corazón es la morada donde yo estoy, o donde yo habito (según la expresión semítica o bíblica: donde yo "me adentro"). Es nuestro centro escondido, inaprensible, ni por nuestra razón ni por la de nadie; sólo el Espíritu de Dios puede sondearlo y conocerlo. Es el lugar de la decisión, en lo más profundo de nuestras tendencias psíquicas. Es el lugar de la verdad, allí donde elegimos entre la vida y la muerte. Es el lugar del encuentro, ya que, a imagen de Dios, vivimos en relación: es el lugar de la Alianza» (CEC 2563).

Como todas las cosas están hechas por Dios y queridas por Él, en el fondo de cada cosa está Dios. Cada uno de nosotros es querido por Dios como persona, porque así nos ha creado y nos mantiene en el ser. Y sobre esa presencia creadora hay una nueva relación más intensa que viene por la vida cristiana que nos une a Él como hijos en Cristo. Por eso, como decía san Agustín, Dios «es más íntimo a mí que yo mismo» (*Confesiones*, III, 6, 11).

En su núcleo, la persona está siempre delante de Dios, aunque no nos demos cuenta. Dios es testigo cuando deliberamos y cuando escuchamos la voz de la conciencia que dice: esto sí o esto no.

Mediante su razón, el hombre conoce la voz de Dios que le impulsa «a hacer [...] el bien y a evitar el mal» (GS 16). Todo hombre debe seguir esta ley que resuena en la conciencia y que se realiza en el amor de Dios y del prójimo. El ejercicio de la vida moral proclama la dignidad de la persona humana (CEC 1706).

Aquí aparecen muchas cosas importantes y bastante sutiles: que siempre estamos delante de Dios, que juzgamos en conciencia lo que está bien o mal; y que así percibimos una ley en el universo, que, en definitiva, es la lógica de las cosas (cómo son y cómo hay que tratarlas). Y, en esa medida, expresan la voluntad de Dios que las ha creado. Y esto pasa a todos los seres humanos.

La "voz de la conciencia" (conciencia moral) es que íntimamente me doy cuenta de que la situación o las cosas mismas me están pidiendo algo: haz o no hagas. Y así descubrimos la ley moral, no en general sino en concreto. Sé que no debo tirar a la basura esa prenda de mi hermano que me molestaba, porque no debo hacer daño a los bienes de otro. Sé que debo ir a ver a mi madre porque así cumplo mis promesas y el deber de atender a mis padres. A esta ley que está en las cosas mismas la tradición cristiana le llama "ley natural".

No es directamente la voz de Dios. Pero es lo que me piden justamente las situaciones. Entiendo espontáneamente que hay que respetar los bienes del prójimo y cumplir las obligaciones adquiridas. Sin duda, es lo que Dios quiere. Cuando no lo hago, voy contra la ley de Dios[1].

---

[1] CEC 1706 1776.

A veces puedo equivocarme en un juicio de conciencia. Porque me faltan datos o porque juzgo con precipitación o valoro mal. Desde luego, ante cualquier cosa rara o extraordinaria que se nos ocurra o cuando estamos perplejos en cosas importantes, conviene pedir consejo. Pero generalmente, lo que tenemos que hacer es bastante claro. Y lo que la conciencia ve es lo que Dios quiere.

En la vida ordinaria, la gente honrada procura guiarse por su conciencia. Así, cada vez tienen una conciencia más fina y son más honrados. También pasa lo contrario, la gente que obra habitualmente contra su conciencia cada vez oye menos esa voz y le hace menos caso, y así se hacen menos honrados y más canallas. Deterioran lo más central de sus personas, precisamente donde es imagen de Dios. Y esto sucede a los que son cristianos y a los que no lo son; así nos hacemos buenos o malos. Dice santo Tomás de Aquino:

> Los que se fían tanto en su buen sentido que no escuchan a los demás, sino solo a sí mismos siempre acaban resultando vanos (…). Esto de no fiarse del propio parecer nace de la humildad. (…) En una palabra, por medio del don de ciencia nos enseña el Espíritu Santo a no hacer nuestra voluntad sino la de Dios[2].

LAS FUENTES DEL SENTIDO MORAL

La conciencia moral no es nuestra "opinión" sobre la moral, sino darnos cuenta de lo que debemos hacer o no

---

[2] *Escritos de Catequesis*, Rialp, Madrid 1975, 141-142.

hacer. Nosotros no la inventamos, sino que la captamos. Vemos que una persona maltrata a un niño y nos parece muy mal. Vemos que una persona se sacrifica por la vida de otro y nos parece muy bueno. Esto no lo inventamos ni lo decidimos, sino que nos damos cuenta de algo que es una exigencia de la realidad.

¿De dónde surge esa voz de la conciencia? La realidad nos habla de muchas maneras. En nuestro interior percibimos espontáneamente:

— Deberes de justicia: debemos respetar la persona y los bienes de otro, no puedo hacer daño.
— Deberes de solidaridad: ayudar al que lo necesita: una persona que se cae, un pobre que me pide para comer.
— Deberes originados por promesas y pactos: si he dado mi palabra, tengo que cumplirla.
— Deberes sociales: hay que repartir las cargas comunes de la vida social (y los beneficios).
— Responsabilidades de mis actos: he roto algo, he tenido un hijo, he provocado un accidente: las consecuencias de mis actos generan obligaciones.
— Daños a la salud propia o ajena: no debo tomar lo que sé que me hace daño.
— Daños a la naturaleza: antes no sabíamos, ahora sabemos que hay cosas que la dañan.
— Vemos en los demás comportamientos que nos dan pena porque son injustos, o nos dan alegría porque son nobles; y de este modo, observando la conducta de otros también educamos nuestro gusto moral.

— Además, recibimos educación moral para ser buenos ciudadanos, y eso influye en nuestra conciencia. Todas las culturas tienen códigos de conducta que enseñan a sus miembros. Si no, no son "culturas", sino "inculturas".

— A los cristianos, el Catecismo nos enseña lo principal de la moral cristiana, y lo aprendemos en la catequesis.

— Hemos dicho que el Señor también habla directamente con luces y los impulsos de la caridad, como sentir pena y misericordia por los sufrimientos de los demás, querer ayudar y dar alegría. Es la acción interior y generalmente sutil del Espíritu Santo.

Este variado conjunto de fuentes puede sugerirnos un deber (tienes que hacer esto) o un veto (no lo hagas). También, después de obrar, puede manifestarse como un remordimiento (no deberías haberlo hecho) o como una satisfacción moral (he hecho lo que tenía que hacer). A veces, se nos puede plantear una duda que tenemos que resolver pensando o consultando con otros.

Los deberes de solidaridad humana, de justicia o de cumplir con la palabra dada son prácticamente universales. Los percibe la gente (buena) en todas partes del mundo y ya se recogen en los antiguos códices egipcios y asirios o chinos, por ejemplo: no robar, no insultar, acoger al forastero, ayudar a los pobres. Puede haber variantes en algún punto debidas a la educación o al entorno cultural. Si se vive en un medio muy violento, por ejemplo, una persona, sin culpa, puede acostumbrarse a ser violento y no percibir que hacer daño al prójimo es injusto.

Se dice que la regla de oro de la moral es "No hagas a los demás lo que no quieres que te hagan a ti"; esto impone vetos. Y también se puede formular al revés: "Haz a los demás lo que te gustaría que te hicieras". Esto nos ilustra mucho sobre lo que tenemos que hacer y lo que no.

COMPLICACIONES EN EL JUICIO DE CONCIENCIA

Para juzgar las acciones, el pensamiento cristiano suele distinguir entre objeto, intención y circunstancias[3]. En qué consiste la acción en sí misma (objeto); qué quiere conseguir el que la hace (intención) y qué circunstancias influyen en el significado moral de los hechos.

A veces hay situaciones donde se mezcla lo bueno y lo malo. Se quiere el bien, pero también se puede causar un mal. El principio más importante es que "el fin no justifica los medios". Por muy buen fin que se busque, no se puede hacer un acto malo. Sea cual sea la *intención*, no se puede hacer una acción mala (objeto). No se puede *matar a un inocente* (objeto o tipo de acción) para salvar a otro inocente (intención). No se puede mentir para evitar un castigo; ni robar para acabar los estudios.

Las circunstancias pueden modificar la gravedad de las acciones. Si se roba una cantidad muy pequeña a una persona que no lo necesita, es un pecado leve. Pero si se roba una cantidad que hace un daño importante al dueño, es un pecado grave.

Hay muchos actos que siempre son malos y nunca es lícito hacerlos. Siempre es malo blasfemar, tratar sin

_____
[3] CEC 1751-1754.

respeto las cosas de Dios; herir o matar a un inocente; hacer un acto sexual fuera del matrimonio, robar o hacer daño a los bienes del prójimo, calumniar, mentir o engañar, jurar en falso, abusar del poder, sobornar... Tampoco se puede colaborar en las acciones malas de otros: no puedo vender una pistola al que va a asesinar a alguien.

A veces, hay acciones buenas que tienen o pueden tener un efecto malo[4]. Se quiere salvar a alguien, pero hay que arriesgar la vida. Alguien quiere defenderse de un ataque, pero puede ocasionar daños graves al que ataca. Se quiere vender un terreno, pero perjudica al que lo tenía alquilado hace años. En estos casos, es preciso que se quiera, ante todo, el bien y que realmente no se quiera el mal y se haga lo posible por evitarlo. Es preciso también que haya proporción entre el bien que se quiere y el mal que se causa. No sería justo hacer un daño grave a otras personas sólo para conseguir más comodidad.

Los actos libres necesitan tres requisitos: uso de razón, dominio de sí y ausencia de coacción. Que podamos usar bien la inteligencia, que no estemos dominados por nuestros impulsos o perezas, y que nadie nos coaccione desde fuera, físicamente o por miedo grave.

La libertad se reduce y se puede anular si no hay conciencia o uso de razón; también si intervienen pasiones que no se dominan, o si hay una coacción externa grave física o moral; por ejemplo, si soy obligado físicamente o bajo amenaza grave y no consigo dominar el miedo. «La imputabilidad y la responsabilidad de una acción pueden quedar disminuidas e incluso suprimidas por la

---

[4] CEC 1737.

ignorancia, la inadvertencia, la violencia, el temor, los hábitos, las afecciones desordenadas y otros factores síquicos o sociales» (CEC 1735).

La conciencia y las pasiones

En el interior de la conciencia humana se escuchan distintas voces, se notan distintos impulsos. Se notan, en primer lugar, los impulsos instintivos que empujan hacia bienes primarios (comida, bebida, sexo, comodidad, etc.). Se notan las aficiones y afectos. Se notan los amores que tenemos hacia personas. Se nota también el amor de Dios y el anhelo de felicidad. La afectividad humana tiene ese amplio conjunto de inclinaciones, desde las más elementales y viscerales hasta las más altas y espirituales. Cada persona debe distinguir entre lo que le apetece, lo que le interesa, y la conciencia, que es lo que le pide Dios.

A los movimientos más elementales de la afectividad, que compartimos con los animales, se les llama tradicionalmente "pasiones": son deseos viscerales, miedos, rencores. Estos afectos se mueven espontáneamente por sí mismos. Y no están directamente bajo el dominio de la razón. Se puede ganar en dominio simplemente diciendo que no. Hay que educarlos.

Se pueden sentir deseos o impulsos que no se quieren sentir ni se quieren llevar a la práctica. También se sienten muchos afectos que son justos y buenos y nos ayudan a vivir honradamente: el amor a Dios, a muchas personas, a muchos ideales y aficiones buenas. Por eso, una gran parte de la tarea de la conversión consiste en ordenar los

120

afectos: hacer crecer el amor de Dios y el amor a los demás; y disminuir los demás impulsos.

Como hemos dicho solo son libres los actos deliberados. Sentir no es lo mismo que querer. En el interior de cada persona hay una lucha entre lo que le apetece o le interesa ahora y lo que debe hacer. Sentirlo no es pecado, porque no es libre y deliberado. Lo mismo que cometer un error sin querer. Nos gustaría vernos libres de estas luchas, pero son parte de la vida humana. Y la honradez no consiste en no sentir, sino en obrar bien. De todas formas, con la ayuda de Dios, en las personas que obran bien aumenta su orden interior, y las pasiones desordenadas tienen cada vez menos fuerza. Lo contrario también sucede.

La conciencia cristiana

La revelación cristiana nos dice que la inteligencia y la libertad humanas son imagen de Dios, pero también nos dice que están heridas por un misterioso pecado original. Y esta herida la podemos comprobar en nosotros mismos y en todos los demás. Y se nota mucho más cuando nos proponemos los ideales cristianos: ¿cómo voy a poder amar a Dios sobre todas las cosas y al prójimo como Cristo mismo, si, a la hora de la verdad, soy tan mezquino e inconstante, y tan perezoso?

En la narración de la creación, llena de simbolismos, que está en el libro del Génesis, se cuenta la primera caída humana, el primer pecado. En cierto modo representa todas los que vendrán después. Aquellos primeros seres humanos, creados por Dios, no supieron serle fieles y respetar lo que les había pedido. Y tras pecar comiendo del fruto prohibido, notaron que algo se les rompía por dentro. Notaron que ya no les apetecía encontrarse con Dios y se escondieron; y notaron el desorden sexual por dentro, y se acusaron bastante injustamente entre ellos ante Dios. Y también, desde que pecaron, la naturaleza que les rodeaba dejó de ser un Paraíso. Dice el Catecismo (1707):

«El hombre, persuadido por el Maligno, abusó de su libertad desde el comienzo de la historia» (GS 13, 1). Sucumbió a la tentación y cometió el mal. Conserva el deseo del bien, pero su naturaleza lleva la herida del pecado original. Ha quedado inclinado al mal y sujeto al error: «De ahí que el hombre esté dividido en su interior. Por esto, toda vida humana, singular o colectiva, aparece como una lucha, ciertamente dramática, entre el bien y el mal, entre la luz y las tinieblas». (GS 13, 2).

Necesitamos la ayuda de Dios, su gracia, para sanar esa herida que heredamos con nuestra naturaleza humana y las que nos hemos causado nosotros mismos al obrar contra nuestra conciencia. Solamente Dios puede rectificar el fondo de ese desorden que nace de habernos separado de Él. Y el Hijo de Dios se hizo hombre para que los seres humanos pudiéramos convertirnos en hijos de Dios. La acción del Espíritu Santo nos hace pasar de la herencia del pecado a la herencia de Cristo.

El que cree en Cristo es hecho hijo de Dios. Esta adopción filial lo transforma dándole la posibilidad de seguir el ejemplo de Cristo. Le hace capaz de obrar rectamente y de practicar el bien. En la unión con su Salvador, el discípulo alcanza la perfección de la caridad, la santidad. La vida moral, madurada en la gracia, culmina en vida eterna, en la gloria del cielo (CEC 1709).

El Espíritu Santo transforma a la persona. Por eso, además del juicio normal de la conciencia, que delibera, y es común a todos los hombres, el Espíritu Santo puede movernos interiormente con luces y mociones que siempre llevan a una mayor identificación con Cristo, a una mayor generosidad con Dios y con el prójimo, y a una mayor comunión con la Iglesia. Si no es así, es que no son realmente inspiraciones del Espíritu Santo.

LA LIBERTAD CRISTIANA Y LA ENTREGA DE SÍ MISMO

La moral y la conciencia son cosas muy serias y, frecuentemente, es necesario el heroísmo para vivir como un cristiano honrado. Hay ocasiones en que se puede perder la vida, el honor o los bienes por ser fieles a la conciencia. Tenemos un impresionante testimonio de fieles cristianos que han preferido morir antes que renegar de su fe (mártires), de madres que han querido llegar a dar a luz, aunque suponía un peligro para sus vidas; de personas que han perdido bienes y ventajas por no querer participar en una corrupción.

La libertad y la conciencia no sirven solo para decidir actos concretos, sino también para proponernos fines y orientar toda nuestra vida. Desde el punto de vista cristiano, el fin de la vida humana y, por tanto, la dirección principal de la libertad consiste en amar a Dios con todo el corazón, con toda el alma y con todas las fuerzas, y también amar al prójimo como a uno mismo. De manera

123

que la libertad cristiana se realiza en el amor. Y, como hemos dicho, ese amor significa, sobre todo, entrega. Amor a Dios y amor al prójimo a imitación de Cristo.

«Vosotros hermanos, habéis sido llamados a la libertad, pero no toméis de esa libertad pretexto para la carne; antes, al contrario, servíos unos a otros por amor. Pues toda la ley alcanza su plenitud en este solo precepto: "Amarás a tu prójimo como a ti mismo"» (*Ga* 5, 13-14); «Quien pierda su vida por mí la encontrará» (*Mt* 16, 25). «En esto sabemos lo que es la caridad; en que él dio su vida por nosotros. También nosotros tenemos que dar la vida por nuestros hermanos» (*1 Jn* 3, 16).

9.
LA LEY DE DIOS ES LUZ Y FUERZA
PARA LA CONCIENCIA[1]

> *«Tu palabra es lámpara para mis pasos y luz en mi camino»* (*Sal* 119, 105).

> *«La vida moral es respuesta al amor de Dios. Es la respuesta del amor a las iniciativas del amor de Dios»* (CEC 2002).

LA LEY NATURAL Y LA LEY REVELADA

Dios ha creado el mundo y al ser humano, y lo ha hecho de una manera determinada. La realidad tiene dentro de sí una forma de ser y un orden de bienes y de valores querido por Dios. Y también lo tiene el ser humano. Al orden pensado por el Creador se le llama "Ley eterna". Y en cuanto está impreso en las mismas cosas y en el ser humano, "Ley natural". Lo hemos explicado en el capítulo anterior.

Somos capaces de captar espontáneamente ese orden natural, la lógica de las cosas. Por ejemplo, captamos la lógica de los deberes de justicia; la belleza de la fidelidad y del sacrificio por ideales nobles o la indignidad de la

---

[1] La ley moral (CEC 1949-2051) y el Decálogo (CEC 2052-2082).

125

mentira y de la explotación de los débiles. También nos parece casi evidente la regla de oro de la moral: «Trata a los demás como te gustaría ser tratado». Por eso la recogen casi todas las tradiciones sapienciales de la humanidad. Y es una señal de la existencia de un orden moral[2].

Aunque no todos lo captan con la misma extensión y profundidad. Cuanto más honestas son las personas lo captan mejor. Por eso, las tradiciones morales de la humanidad dependen de la calidad moral de sus sabios. Es lo mismo que sucede en cualquier campo. Los que han jugado mucho al fútbol aprecian mejor el mérito de una jugada; y los que se han esforzado por vivir honradamente juzgan mejor lo que es bueno o malo.

Dios ha querido revelar su Ley y compendiarla en palabras[3]. La reveló solemnemente a Moisés para el pueblo de Israel en los Diez Mandamientos (Decálogo), cuando quiso confirmar la Alianza. Y, mucho después, Jesucristo la desarrolló y explicó a sus discípulos (cfr. *Mt* 5, 17)[4].

«Les concedió además el conocimiento, y una ley de vida les dejó en herencia. Estableció con ellos una alianza eterna y les enseñó sus mandamientos» (*Si*, 17, 9-10 (11-12). Comenta el Catecismo: «La Ley moral es obra de la Sabiduría divina. Se la puede definir, en el sentido bíblico, como una instrucción paternal, una pedagogía de Dios. Prescribe al hombre los caminos, las reglas de conducta que llevan a la bienaventuranza prometida; proscribe los caminos del mal que apartan de Dios y de

---

[2] CEC 1956-1960.
[3] CEC 1961.
[4] CEC 1953.

su amor. Es a la vez firme en sus preceptos y amable en sus promesas» (CEC 1950).

Los cristianos no vemos la ley moral como un conjunto de restricciones de nuestra libertad, sino como un camino de sabiduría. Nos transmite una manera de vivir noble y digna del ser humano, y muy beneficiosa para la sociedad.

La ley moral es obra de la Sabiduría divina. Se la puede definir, en el sentido bíblico, como una instrucción paternal, una pedagogía de Dios. Prescribe al hombre los caminos, las reglas de conducta que llevan a la bienaventuranza prometida; proscribe los caminos del mal que apartan de Dios y de su amor. Es a la vez firme en sus preceptos y amable en sus promesas (CEC 1950).

Es muy de agradecer esta luz. No son restricciones arbitrarias. Son como las instrucciones de nuestro fabricante. Así está claro cómo funcionamos bien y cómo nos podemos estropear. Muchos no han tenido la suerte de conocerlas, y quizá les han transmitido un mensaje equivocado de egoísmo o de violencia. Todos tienen conciencia, gracias a Dios. Pero conocer la Ley de Dios ayuda mucho. Es muy hermoso lo que Moisés dijo al pueblo de Israel cuando les transmitió los mandamientos:

Guardadlos y practicadlos, porque ellos son vuestra sabiduría y vuestra inteligencia a los ojos de los demás pueblos, que, cuando tengan noticia de todos estos preceptos, dirán: «Ciertamente esta gran nación es un pueblo sabio e inteligente». Porque, en efecto, ¿hay alguna nación tan grande que tenga los dioses tan cerca como lo está Yahvé nuestro Dios siempre que le invocamos? Y ¿qué nación hay tan grande cuyos preceptos y normas sean tan justos como toda esta Ley, que os expongo hoy? (*Dt* 4, 6-8),

La humanidad tiene unas pocas tradiciones morales vinculadas a las grandes religiones o a las grandes corrientes de la sabiduría clásica y oriental. En el mundo son muy pocos los mensajes morales que han sido capaces de implantarse y servir a la humanidad. Las opiniones y ocurrencias morales pueden ser infinitas y cada uno puede tener la suya o combinar varias. Pero las que se han enraizado de verdad en las sociedades humanas y se han extendido en el mundo han sido muy pocas.

El Occidente ha vivido en la matriz de la moral cristiana, más o menos secularizada. Las grandes ideologías del siglo XX intentaron prescindir de ella y extirparla de la sociedad, y condujeron a crímenes horribles. Después, ha quedado un gran vacío, entre un utilitarismo obvio, que suele conducir a planteamientos egoístas, y un materialismo que no puede fundamentar nada humano más allá de la química y la física.

En nuestras sociedades se transmite el mensaje de que no existe una moral objetiva, sino que es una materia totalmente opinable y arbitraria. Incluso se considera que ese relativismo es necesario o sano para la democracia. Pero el ideal democrático no es que no exista una moral, sino que se respete el derecho de cada uno a obrar en conciencia (siempre que no dañe a los demás). En el puro relativismo no se pueden fundamentar los principios democráticos y tampoco se puede fundamentar ninguna obligación cívica. Si no me ven, por qué tengo que obedecer a lo que se le ha ocurrido a cualquiera o incluso a la mayoría.

En una sociedad, no da lo mismo lo que los ciudadanos piensen sobre el valor de las personas y sobre su conducta y deberes personales. A las sociedades humanas les interesa mucho que sus miembros tengan ideales morales claros y acertados, que cumplan con sus deberes personales y sociales, que eduquen a sus hijos, que paguen sus impuestos, que no sean corruptos y que no engañen en los negocios. Hay sociedades muy estropeadas por la violencia, el consumismo y permisivismo, la corrupción generalizada o el alcohol. Esto no se resuelve con represión, policía, multas y cárceles. Son necesarios principios morales. Mucha parte de Occidente todavía vive bajo la sombra de lo que queda de las costumbres cristianas.

EL DECÁLOGO

El Decálogo es la parte central de la Ley que recibió Moisés y, como hemos dicho, fue ampliamente explicado y completado por Jesucristo en el Sermón de la Montaña (cfr. *Mt* 5, 17)[5].

Literalmente, "Decálogo" significa diez "palabras" (Deca-logos), en relación con los Diez Mandamientos que lo componen. Son un resumen de la ley moral revelada a Moisés.

Los diez mandamientos pertenecen a la revelación de Dios. Nos enseñan al mismo tiempo la verdadera humanidad

---

[5] CEC 1953.

del hombre. Ponen de relieve los deberes esenciales y, por tanto, indirectamente, los derechos fundamentales, inherentes a la naturaleza de la persona humana. El Decálogo contiene una expresión privilegiada de la "ley natural": «Desde el comienzo, Dios había puesto en el corazón de los hombres los preceptos de la ley natural. Primeramente, se contentó con recordárselos. Esto fue el Decálogo, el cual, si alguien no lo guarda, no tendrá la salvación, y no les exigió nada más» (San Ireneo de Lyon, *Adversus haereses*, 4, 15, 1) (CEC 2070).

Moisés enseñó a su pueblo el amor a esa sabiduría, que era su camino. Los sabios judíos explicaron y desarrollaron la ley. Y explicaron que el que respeta la ley es el verdadero ciudadano del mundo, porque vive de acuerdo con la ley más íntima de la realidad. Al comentar el primer libro de la Biblia, el Génesis, que para los judíos piadosos forma parte de la Ley (la Toráh), dice Filón de Alejandría, gran sabio judío del siglo I:

> Este comienzo es más maravilloso de lo que pueda decirse, porque incluye el relato de la creación del mundo en el que está implícita la idea de que el mundo está en armonía con la Ley y la Ley con el mundo, y que el hombre que respeta la Ley, en virtud de ese respeto, se convierte en ciudadano del mundo, por el solo hecho de que conforma sus acciones con la voluntad de la naturaleza por la que se gobierna el universo entero (*De Op. Mundi*, I, 1-3).

Al comentar los Mandamientos en el Sermón de la Montaña, Jesucristo desarrolló exigencias más finas y universales. Los compendió en los dos mandamientos de la caridad (a Dios y al prójimo). Y, al final, los llevó a su plenitud con el Mandamiento nuevo (de amar como Cristo ama y con su amor). Explica el Catecismo:

«Maestro, ¿qué he de hacer yo de bueno para conseguir la vida eterna?» Al joven que le hace esta pregunta, Jesús responde primero invocando la necesidad de reconocer a Dios como "el único Bueno", como el Bien por excelencia y como la fuente de todo bien. Luego Jesús le declara: «Si quieres entrar en la vida, guarda los mandamientos». Y cita a su interlocutor los preceptos que se refieren al amor del prójimo: «No matarás, no cometerás adulterio, no robarás, no levantarás testimonio falso, honra a tu padre y a tu madre». Finalmente, Jesús resume estos mandamientos de una manera positiva: «Amarás a tu prójimo como a ti mismo» (*Mt* 19, 16-19)" (CEC 20529).

Cuando le hacen la pregunta: «¿Cuál es el mandamiento mayor de la Ley?» (*Mt* 22, 36), Jesús responde: «Amarás al Señor tu Dios con todo tu corazón, con toda tu alma y con toda tu mente. Este es el mayor y el primer mandamiento. El segundo es semejante a este: Amarás a tu prójimo como a ti mismo. De estos dos mandamientos penden toda la Ley y los Profetas» (*Mt* 22, 37-40; cfr. *Dt* 6, 5; *Lv* 19, 18). El Decálogo debe ser interpretado a la luz de este doble y único mandamiento de la caridad, plenitud de la Ley: «En efecto, lo de: No adulterarás, no matarás, no robarás, no codiciarás y todos los demás preceptos, se resumen en esta fórmula: Amarás a tu prójimo como a ti mismo. La caridad no hace mal al prójimo. La caridad es, por tanto, la ley en su plenitud» (*Rm* 13, 9-10) (CEC 2055).

Jesús hace de la caridad el mandamiento nuevo (cfr. *Jn* 13, 34). Amando a los suyos «hasta el fin» (*Jn* 13, 1), manifiesta el amor del Padre que ha recibido. Amándose unos a otros, los discípulos imitan el amor de Jesús que reciben también en ellos. Por eso Jesús dice: «Como el Padre me amó, yo también os he amado a vosotros; permaneced en mi amor» (*Jn* 15, 9). Y también: «Este es el mandamiento mío: que os améis unos a otros como yo os he amado» (*Jn* 15, 12) (CEC 823).

El Decálogo tiene dos partes: la primera se refiere a Dios (mandamientos 1-3) y la segunda, al prójimo (mandamientos 4-10). Recordando las tablas de Moisés, se suele hablar de las "dos tablas".

Los diez mandamientos enuncian las exigencias del amor de Dios y del prójimo. Los tres primeros se refieren más al amor de Dios y los otros siete más al amor del prójimo. «Como la caridad comprende dos preceptos de los que, según dice el Señor, penden la ley y los profetas [...], así los diez preceptos se dividen en dos tablas: tres están escritos en una tabla y siete en la otra» (San Agustín, *Sermo* 33, 2, 2) (CEC 2067).

Se compone de diez mandamientos, pero existen dos principales variantes históricas, según se unan o se desdoblen dos mandamientos.

Lo explica así el Catecismo: «La división y numeración de los mandamientos ha variado en el curso de la historia. El presente catecismo sigue la división de los mandamientos establecida por san Agustín y que ha llegado a ser tradicional en la Iglesia católica. Es también la de las confesiones luteranas. Los Padres griegos hicieron una división algo distinta que se usa en las Iglesias ortodoxas y en las comunidades reformadas» (CEC 2066). En concreto, a veces se divide el primer mandamiento en dos: Adorarás a un solo Dios y no harás ídolos. Y entonces se unen los dos últimos: «No desearás la mujer de tu prójimo» y «no desearás los bienes de tu prójimo».

No es que toda la moral se pueda resumir en diez frases, sino más bien que bajo diez títulos se recoge la enseñanza moral revelada a Israel y a la Iglesia. Así lo hacía la tradición judía y así lo ha hecho la catequesis cristiana. Aquí seguiremos la lista que recoge el *Catecismo de la Iglesia Católica*. Y cuando expliquemos cada mandamiento, recordaremos las expresiones que usa la Sagrada Escritura. Los diez mandamientos quedan formulados así.

1. Yo soy el Señor, tu Dios. No habrá otros dioses delante de ti.
2. No tomarás el nombre de Dios en vano
3. Santificarás las fiestas
4. Honra a tu padre y a tu madre
5. No matarás
6. No cometerás actos impuros
7. No robarás
8. No dirás falso testimonio ni mentirás
9. No consentirás pensamientos ni deseos impuros
10. No codiciarás los bienes ajenos

La Ley nueva en los corazones

Hemos dicho ya que la Biblia tiene como argumento de fondo una historia de la Alianza de Dios con Israel (y con toda la humanidad en Cristo), y que al mismo tiempo es una historia de la revelación y de la salvación humana. Esta Alianza tiene unas etapas: la creación del mundo, que le sirve de marco; la Alianza con Abraham, padre de Israel; la solemne confirmación de la Alianza con Moisés cuando ya existe el pueblo y se le da forma; la larga etapa de los profetas que recuerdan a Israel su Alianza con Dios, y le increpan cuando no cumple su Ley y sobre todo cuando se busca otros dioses.

Además, los profetas anuncian una renovación de la Alianza (y de la revelación de la salvación) que se realizará con el Mesías enviado por Dios. Esta es la etapa de la plenitud de la revelación en el Hijo. Según anuncian los profetas, la renovación se hará con dos cosas importantes. Vendrá un Mesías, el Ungido por el Espíritu Santo (eso significa Mesías, ungido). Y Dios pondrá su Ley o derramará su Espíritu en los corazones de su pueblo, y así pasarán de tener un corazón carnal, incapaz de cumplir la Ley, a llevarla en sus corazones y ser movidos por el Espíritu.

> Se lee en el libro del profeta Ezequiel (36, 24-27): «Os tomaré de entre las naciones, os recogeré de todos los países y os llevaré a vuestro suelo. Os rociaré con agua pura y quedaréis purificados; de todas vuestras impurezas y de todas vuestras basuras os purificaré. Y os daré un corazón nuevo, infundiré en vosotros un espíritu nuevo, quitaré de vuestra carne el corazón de piedra y os daré un corazón de carne. Infundiré mi espíritu en vosotros y haré que os conduzcáis según mis preceptos y observéis y practiquéis mis normas. Habitaréis la tierra que di a vuestros padres. Vosotros seréis mi pueblo y yo seré vuestro Dios». Y en el libro del profeta

Jeremías (31, 31-34): «He aquí que días vienen —oráculo de Yahveh— en que yo pactaré con la casa de Israel (y con la casa de Judá) una nueva alianza; no como la alianza que pacté con sus padres, cuando les tomé de la mano para sacarles de Egipto; que ellos rompieron mi alianza, y yo hice estrago en ellos —oráculo de Yahveh—. Sino que esta será la alianza que yo pacte con la casa de Israel, después de aquellos días —oráculo de Yahveh—: pondré mi Ley en su interior y sobre sus corazones la escribiré, y yo seré su Dios y ellos serán mi pueblo».

Por eso, la novedad de la Ley de Cristo no está en que se haya mandado algo desconocido y novedoso. Sino en que se ha dado la Eucaristía y el Espíritu Santo para vivir inspirados y animados por Él. En la Última Cena, cuando Jesucristo instituyó la Eucaristía, dio un "mandamiento nuevo" que ya conocemos: «Amaos como yo os he amado». La novedad no está en "amaos", sino en "como yo os he amado". En que se participa en el amor del mismo Cristo, y esto porque lo da el Espíritu Santo.

Ahí está la novedad. La vida guiada por el Espíritu. El cristiano quiere atender a sus luces y ser fiel a sus impulsos en el corazón, que, sobre todo, son impulsos de caridad. Verdaderamente es una Ley o guía moral interna y no una ley escrita externa. Se experimenta y escucha en lo más íntimo de la conciencia, donde se decide a vida moral. Allí se reciben las luces y mociones del Espíritu. Las luces nos hacen ver lo que Dios quiere de nosotros; y las mociones nos impulsan a la caridad. Se necesita tiempos de oración para escuchar y acomodarse a la mente de Dios y a la acción del Espíritu. Dice el Catecismo:

La Ley nueva es llamada ley de amor, porque hace obrar por el amor que infunde el Espíritu Santo más que por el temor; ley de gracia, porque confiere la fuerza de la gracia para obrar mediante la fe y los sacramentos; ley de libertad (cfr. *St* 1, 25; 2, 12), porque nos libera de las observancias rituales y jurídicas de la Ley antigua, nos inclina a obrar espontáneamente bajo el impulso de la caridad y nos hace pasar de la condición del siervo «que ignora lo que hace su señor», a la de amigo de Cristo, «porque todo lo que he oído a mi Padre os lo he dado a conocer» (*Jn* 15, 15), o también a la condición de hijo heredero (cf *Ga* 4, 1-7. 21-31; *Rm* 8, 15) (CEC 1972).

La ley nueva abre muchísimo las perspectivas de la conducta cristiana. Y le da la inmensa libertad del amor. Pero no contradice la ley escrita en los mandamientos. El impulso del Espíritu Santo lleva a cumplir los mandamientos con profundo amor y no por temor o por el qué dirán, o por rutina. Y hace a las personas mucho más generosas. La verdadera acción del Espíritu lleva a la gente a ser más delicadamente fiel a Dios y a unirse con más caridad a la Iglesia, y nunca a lo contrario.

San Pablo distingue una manera espiritual de vivir, alentada por el Espíritu Santo y una manera carnal. No es que lo mental sea lo bueno y lo corporal lo malo. Sino que hay vidas movidas por el Espíritu Santo y otras movidas por un espíritu "carnal", que en definitiva son los propios caprichos. Así san Pablo califica de "carnales" las peleas, el rencor, la hechicería. Lo más "carnal", sin duda, es la soberbia. Por supuesto también es carnal pasarse con la comida y la bebida (o la droga) y no respetar la moral sexual. Pero la vida cristiana no tiene una fijación especial con la moral sexual. Su centro es el amor de Dios y la vida del Espíritu. Solo a quienes viven un cristianismo desvaído, y muy lejos de estos estándares, les parece que la moral cristiana está centrada en la disciplina sexual. Dice san Pablo a los Gálatas (5, 13-25):

Hermanos, habéis sido llamados a la libertad; sólo que no toméis de esa libertad pretexto para la carne; antes, al contrario, servíos por amor los unos a los otros. Pues toda la ley alcanza su plenitud en este solo precepto: Amarás a tu prójimo como a ti mismo. Pero si os mordéis y os devoráis mutuamente, ¡mirad no vayáis mutuamente a destruiros! Por mi parte os digo: si vivís según el Espíritu, no daréis satisfacción a las apetencias de la carne. Pues la carne tiene apetencias contrarias al espíritu, y el espíritu contrarias a la carne, como que son entre sí antagónicos, de forma que no hacéis lo que quisierais. Pero, si sois conducidos por el Espíritu, no estáis bajo la ley. Ahora bien, las obras de la carne son conocidas: fornicación, impureza, libertinaje, idolatría, hechicería, odios, discordia, celos, iras, rencillas, divisiones, disensiones, envidias, embriagueces, orgías y cosas semejantes, sobre las cuales os prevengo, como ya os previne, que quienes hacen tales cosas no heredarán el Reino de Dios. En cambio, el fruto del Espíritu es amor, alegría, paz, paciencia, afabilidad, bondad, fidelidad, mansedumbre, dominio de sí; contra tales cosas no hay ley. Pues los que son de Cristo Jesús, han crucificado la carne con sus pasiones y sus apetencias. Si vivimos según el Espíritu, obremos también según el Espíritu.

Hemos dicho que la moral cristiana puede representarse como un triángulo donde la cima son los mandamientos positivos de amar a Dios y al prójimo y la base son los mandamientos negativos. Los positivos nos señalan las metas a las que tenemos que apuntar, los negativos, los pecados que debemos evitar. En el centro está el corazón de Cristo. Hay una mística, alentada por el Espíritu Santo, que impulsa al amor de Dios y del prójimo con el amor de Cristo. Y hay una ascética, alentada también por el Espíritu Santo que nos lleva a negarnos en lo que no nos conviene y Dios no quiere.

10.
LO QUE MANDAN Y PROHÍBEN LOS MANDAMIENTOS

«Y ahora, Israel, ¿qué te pide el Señor, tu Dios, sino que temas al Señor, tu Dios, que andes en todos sus caminos, que lo ames, que le sirvas con todo tu corazón y con toda tu alma, y que guardes los mandamientos del Señor y sus preceptos, que yo te prescribo hoy, para tu bien?» (*Dt* 10, 12-13).

«Seguir a Cristo implica guardar los mandamientos. La Ley no ha sido abolida, sino que el hombre está invitado a encontrarla en la persona del Maestro que la cumple perfectamente en sí mismo, revela su pleno sentido y atestigua su perennidad» (CEC 2053).

En los capítulos anteriores hemos repasado las grandes aspiraciones de la moral cristiana. En este haremos un resumen didáctico de las obligaciones y prohibiciones. Seguiremos el orden de los Diez Mandamientos, núcleo de la Ley de Israel, explicada y llevada a su perfección por Jesucristo.

En estos diez mandamientos se compendia la sabiduría moral de la Iglesia. Los preceptos positivos (amar a Dios y al prójimo) nos ayudan a dirigir la vida, sabiendo lo que debemos buscar. Los negativos nos enseñan lo que debemos evitar y de qué tenemos que arrepentirnos. Por eso, también nos sirven para preparar la confesión de los pecados.

1. Yo soy el Señor, tu Dios. No habrá otros dioses delante de ti

El primer mandamiento nos recuerda que solo hay un Dios. Y que debemos adorarle, confiar en Él y amarle con todo el corazón, con toda la mente, con todas las fuerzas. Nos pide creer, esperar y amar a Dios. Esta es la enorme parte positiva de este mandamiento.

Jesucristo, recogiendo una frase de la Ley judía, dijo: «Está escrito: Al Señor tu Dios adorarás, sólo a él darás culto» (*Mt* 4, 10; cfr. *Dt* 6, 13-14). En la Ley judía se lee también: «No habrá para ti otros dioses delante de mí. No te harás escultura ni imagen alguna ni de lo que hay arriba en los cielos, ni de lo que hay abajo en la tierra, ni en lo que hay en las aguas debajo de la tierra. No te postrarás ante ellas ni les darás culto» (*Ex* 20, 2-5; cfr. *Dt* 5, 6-9).

El camino para amar a Dios es conocerle, porque Dios es infinitamente bueno. Y se nos ha revelado en la Sagrada Escritura y sobre todo en Jesucristo, su Hijo. Además, está presente en nosotros. Por eso conocemos mejor a Dios, Padre, Hijo y Espíritu Santo, con la práctica de la oración y la lectura de los Evangelios. También estudiando doctrina cristiana y aprendiendo de la experiencia de los santos. La fe necesita alimento, y más si está expuesta[1].

---

[1] CEC 2088.

El Primer Mandamiento prohíbe todo lo que puede dañar la fe, la esperanza y el amor a Dios. En primer lugar, exponer la fe. Se puede perder por dejarse confundir por lecturas e informaciones con una orientación sesgada, cuando no se tiene cultura cristiana suficiente y no se puede contrapesar esa información. Necesitamos una información fiable de los asuntos de la fe y de la vida de la Iglesia. Y resolver las dudas o las vacilaciones mediante la oración o pidiendo consejo.

Las faltas de esperanza pueden ser también pecados. Y son pecados contra la caridad la ingratitud y la tibieza o pereza espiritual, que puede afectar a personas que han tenido una vida religiosa encendida y después, poco a poco, les falta generosidad en el amor a Dios y se enfrían.

El primer mandamiento prohíbe dar a otras cosas el culto o la devoción que sólo Dios merece. Se llama idolatría a dar culto a imágenes de dioses extraños, que no pueden ser más que representaciones falsas[2]. Pero también es una forma de idolatría poner el fin de la vida en otras cosas en lugar de Dios: en el dinero, los bienes, el sexo, el poder o el éxito[3].

Prohíbe también toda superstición[4]: adivinación, conjuros, magia, brujería y espiritismo. Con estos medios, se pretende conseguir lo que sólo Dios puede hacer: hablar con los muertos, prever el futuro o lograr sanaciones y efectos milagrosos. El cristiano debe tener cuidado para que cosas que pueden parecer un juego no se conviertan

---

[2] CEC 2129.
[3] CEC 2113.
[4] CEC 2110-2111, 2115-2117, 2138.

en una esclavitud: amuletos, horóscopo, leer la mano, echar cartas, la guija u otros juegos de adivinación. Se lee en la Biblia: «Los pueblos paganos consultan a hechiceros y adivinos, pero a ti no te lo permite el Señor tu Dios» (*Dt* 18, 14).

Para un cristiano, estas prácticas no tienen sentido, porque están basadas en la mentira. Es especialmente grave la invocación a los poderes malignos o al demonio, que es «padre de la mentira» (*Jn* 8, 44), por las graves dependencias que puede originar. Siempre sucede, y también lo vemos en nuestra sociedad, que la disminución de la fe en el Dios verdadero va acompañada del crecimiento de las supersticiones. El ser humano necesita esperanza y si no la pone en Dios, acaba creyendo en cualquier cosa.

2. No tomarás el nombre de Dios en vano

El segundo mandamiento recuerda la santidad de Dios. En sentido positivo, nos alienta a dar a Dios la veneración que merece. Esa veneración, según la Biblia, es el inicio de la sabiduría: «El temor o veneración por Dios es el inicio de la sabiduría» (*Prov* 9, 10). Manda tratar con respeto, en primer lugar, su santo Nombre.

Pero también fomenta el sentido de lo sagrado, de las cosas dedicadas a Dios, el respeto al visitar las iglesias, la devoción al participar en el culto, el silencio interior al escuchar la Palabra del Señor (las Escrituras) y al recogerse en oración. El valor de lo santo merece una respuesta adecuada, que acrecienta nuestra devoción. Según un antiguo principio que reza *"sancta sancte tractanda"*, las cosas santas —todo lo que a Dios se refiere— deben ser tratadas santamente.

El segundo mandamiento prohíbe usar sin necesidad y respeto el Nombre de Dios; especialmente, prohíbe los juramentos en falso y las blasfemias. Por extensión, todo lo que puede dañar el respeto debido a las ceremonias y al culto de Dios, como usar los objetos de culto para usos profanos. Y al revés, mezclar las cosas de Dios con las cosas vulgares. Aunque hay que distinguir lo que son objetos de devoción (una estampa) de lo que son objetos destinados al culto (un cáliz).

Los edificios y objetos que se dedican al culto suelen ser consagrados y bendecidos. Consagrar significa dedicar a Dios y, en consecuencia, dejarlo para él y no para otros usos. Por eso en los templos solo se puede realizar el culto, o asuntos dignos que no desdigan de la dedicación de la casa de Dios. Por lo mismo, hay que tratar con respeto la Sagrada Escritura, tanto el texto como los libros físicos y los misales del culto y las imágenes sagradas. De manera especial, la Eucaristía ha de ser tratada siempre con la debida veneración; y se adora porque en ella está el Señor. Se conserva donde determinen los obispos: siempre en lugar digno, limpio y seguro; y se traslada con devoción y cuidado cuando es necesario llevar la comunión.

3. Santificarás las fiestas

El tercer mandamiento manda honrar a Dios en las fiestas, participando en el culto (Eucaristía) y, en la medida de lo posible, celebrar las fiestas con alegría y en compañía de los familiares y amigos. Los días de fiesta deben servir para acercarse a Dios, a la oración, y cultivar los amores familiares y la amistad. En 1998, Juan Pablo II publicó una hermosa Carta dedicada al domingo, *El día del Señor* (*Dies Domini*).

En concreto, la Iglesia ha dispuesto que los cristianos vayan a Misa los domingos y algunas fiestas más solemnes, que se llaman "fiestas de precepto". El precepto se cumple oyendo la Misa entera, y puede hacerse desde la tarde anterior a la fiesta. También ha dispuesto que, al menos, se comulgue una vez al año, en el tiempo pascual. Y también que los cristianos se confiesen, al menos, una vez al año. Ordinariamente se une este cumplimiento al de la comunión. Se trata de mínimos fijados por la Iglesia.

El Catecismo recoge algunos cánones o leyes de la Iglesia en su número 177: «La celebración dominical del día y de la Eucaristía del Señor tiene un papel principalísimo en la vida de la Iglesia. "El domingo, en el que se celebra el misterio pascual, por tradición apostólica, ha de observarse en toda la Iglesia como fiesta primordial de precepto" (CIC can. 1246, §1)». «Igualmente deben observarse los días de la Natividad de Nuestro Señor Jesucristo, Epifanía, Ascensión, Santísimo Cuerpo y Sangre de Cristo, Santa María Madre de Dios, Inmaculada Concepción y Asunción, San José, Santos Apóstoles Pedro y Pablo y, finalmente, todos los Santos (CIC can. 1246, §1)».

El cumplimiento de la asistencia a la Misa queda excusado si resulta muy difícil o imposible: por falta de salud o por cuidar a niños y enfermos, o por urgencias graves de trabajo que no se pueden evitar; o por mediar distancias que no se pueden recorrer en un tiempo razonable.

De todas formas, no se trata sólo de cumplir. La vida cristiana necesita dedicar tiempo a Dios y darle culto. El que, por motivo justo, no puede santificar alguna vez las fiestas acudiendo a la iglesia, debe pensar cómo compensar esta grave pérdida. Muchos buenos cristianos, cuando no pueden acudir a Misa por enfermedad o por otra causa, la escuchan con devoción en la radio o en la televisión, o leen en privado las lecturas y oraciones de la Misa. Así santifican el día del Señor y no se olvidan de Él ni pierden su unión con la Iglesia.

Este mandamiento prohíbe los excesivos trabajos y preocupaciones, que impiden celebrar con alegría y agradecimiento las fiestas, alabar y honrar a Dios; prestar a los parientes y amigos la atención que merecen; y dar al cuerpo el descanso que necesita. Antiguamente, para garantizar el descanso de los más humildes, la Iglesia prohibió trabajar manualmente en los días de fiesta. Hoy permanece vigente la necesidad general de dedicar los días de fiesta a Dios, a los demás, a contemplar la naturaleza y al descanso.

4. Honra a tu padre y a tu madre

Este mandamiento manda venerar y reforzar los vínculos de amor y respeto que debe haber en las familias y en las sociedades. Hay que respetarlas de acuerdo con su orden propio, pues en las familias y en las sociedades son distintas las obligaciones de cada miembro según el lugar que ocupa. A imagen del amor que une al Padre, al Hijo y al Espíritu Santo, las personas deben tratarse con respeto y aprecio en sus relaciones familiares y sociales.

El mandamiento pide directamente que los hijos cultiven el amor y la veneración que deben a sus padres. También pide a los padres que traten con cariño y respeto a sus hijos. Cada uno debe ocupar su lugar, según su edad y condición. Por extensión, se incluyen aquí también los deberes de respeto y ayuda que se tienen hacia las autoridades legítimas de una sociedad.

En este mandamiento, la tradición cristiana incluye todo el respeto que se debe a las autoridades en todos sus grados. Las sociedades modernas que tienen una información muy incisiva y, a veces, cruel, atacan mucho las figuras públicas sin tener presente el daño que hacen a la sociedad desprestigiando sistemáticamente todas las funciones. Por supuesto que se debe combatir la corrupción y que se puede exigir competencia, y que se pueden manifestar los problemas. Pero esto se puede hacer con el respeto que merecen las personas y las funciones.

5. No matarás

Este mandamiento protege el valor sagrado de la vida humana; y nos recuerda que pertenece a Dios darla y quitarla. La vida humana es de Dios y nadie tiene derecho a crearla fuera de sus cauces naturales o a suprimirla por una violencia injusta. Dios pedirá cuenta estrecha de cada vida humana, porque todo hombre está destinado al amor de Dios.

El mandamiento invita a tratar con respeto la vida humana desde que es concebida; y en todos sus estados. Por respeto a la vida, que es de Dios, no debe ser concebida fuera de sus cauces naturales. La fe cristiana admite la investigación que favorece la fertilidad, pero, en cambio, se opone a la fecundación *in vitro*. Considera inmoral la manipulación de las células germinales fuera de su ámbito natural. Considera un grave atentado a la vida humana, la multiplicación y conservación artificial de embriones. Hay que recordar que no existe propiamente el derecho a tener hijos, ni a usar de cualquier medio para tenerlos, porque la vida es siempre un don de Dios. Después de que se han puesto los medios justos, a veces, hay que aceptar no tenerlos.

No hay ninguna vida que pueda ser despreciada. Esto afecta de manera particular a algunas situaciones extremas: cuando la vida es concebida, cuando se acerca la muerte; y en los casos de violencia política o de guerra. Nadie tiene derecho a matar. Sólo es lícito matar en un caso extremo: en defensa propia y si no hay otro remedio posible. Sólo se puede matar al agresor injusto y en caso de que no haya otra salida.

El quinto mandamiento prohíbe todo atentado contra la vida y salud del prójimo. En primer lugar, prohíbe el asesinato. Debe considerarse asesinato también el aborto, y cualquier atentado contra la vida desde el momento de la concepción.

Son pecados muy graves contra la vida del prójimo el uso político de la violencia y el terrorismo, los atentados o secuestros; el cultivo del odio y el rencor que lleva a que las personas se deseen la muerte y a que se genere la violencia. La promoción directa o indirecta de la guerra debe considerarse un pecado gravísimo, que clama al cielo por los muchos daños que se siguen, especialmente para los más pobres e indefensos. Sólo puede ser legítima, y según los casos, una guerra defensiva. Darán estrecha cuenta delante de Dios los que promueven guerras con intención de aumentar sus ganancias o su poder.

El quinto mandamiento prohíbe además todo lo que puede poner en peligro la vida propia o la del prójimo: conducir de forma imprudente, no cuidar las condiciones de seguridad debidas en el trabajo, ejercer la medicina de forma irresponsable, no prestar la debida atención al estado de las comidas o medicamentos que se dispensan.

También prohíbe todo lo que puede hacer daño a la propia vida: los excesos en el comer, en las bebidas alcohólicas y en el fumar. Es grave la producción y venta de drogas, que alteran el uso de razón, crean dependencias y dañan la salud. La gravedad depende de la dependencia que crean y del daño físico y mental que producen.

Además, nadie tiene derecho, en ninguna circunstancia, a quitarse la vida (suicidio); o a pedir a otros que lo maten. Nadie es dueño de su vida, independientemente de lo que permitan las leyes humanas. Puede haber momentos muy duros para una persona, en los que desee la muerte. Debe huir de ese pensamiento, y los que le acompañan han de hacer lo posible para darle apoyo y consuelo.

6. No cometerás actos impuros

Este mandamiento protege el valor santo del amor conyugal y de la fecundidad humana. La sexualidad tiene un componente pasional, con fuerte inclinación al placer y al trato sexual, que cada uno debe procurar dominar. Pero está ordenada a bienes muy altos (el amor conyugal y la transmisión de la vida humana), donde encuentra su sentido. Este mandamiento invita a cada persona a esforzarse para conocer y mantener este orden, con la ayuda de Dios.

El 6.º Mandamiento prohíbe los actos impuros. Se les llama impuros porque manchan la dignidad del propio cuerpo y las capacidades que Dios ha puesto en él. Y porque oscurecen el fondo del alma y su relación con Dios. Son actos impuros todos los que rompen la relación entre la sexualidad, el amor conyugal y la fecundidad. Es inmoral buscar el placer sexual fuera del matrimonio y es inmoral si se busca en el matrimonio impidiendo la fecundidad. El amor conyugal tiene una gran nobleza cuando expresa la entrega mutua y está abierto a la fecundidad; y el deseo y amor sexual es entonces legítimo y santo. En cambio, los cónyuges ofenden sus propios cuerpos cuando cada uno sólo quiere satisfacer su egoísmo, cuando no respetan la naturaleza del acto conyugal o cuando impiden artificialmente la fecundidad.

El sexto mandamiento defiende bienes muy altos, por eso todos los pecados en esta materia son graves. Sin necesidad de rebajar las exigencias de la vida moral, es necesario comprensión y aliento para enseñar a los jóvenes —y a los mayores— a dominarse en esta materia. Hay que ayudarles a encontrar los modos de vencer en un ambiente pagano consumista que es muy contrario. Son pecados muy graves la producción y difusión de pornografía, y una educación sexual irresponsable que trate la sexualidad de manera egoísta, como pura fuente de placer, sin el orden natural que tiene. Confunden y alborotan la conciencia y la psicología de las personas y pueden convertirse en enfermedades patológicas.

La infidelidad matrimonial, además de un pecado grave contra el sexto mandamiento, es una grave injusticia contra el otro cónyuge, porque, en el pacto matrimonial, cada uno ha entregado este aspecto de su vida al otro. Los esposos deben esforzarse en proteger y mejorar el compromiso por el que se convirtieron en marido y mujer. Deben cuidar su convivencia como cónyuges y como personas. También son faltas graves contra la justicia y la caridad los insultos y los malos tratos.

Son pecados muy graves el incesto; y los abusos sobre niños por parte de las personas que los cuidan. También atentan gravemente contra la justicia, por los graves daños psicológicos que suelen causar en los niños. Para ser justos en el trato con los demás, todas las personas deben aprender a dominar sus impulsos sexuales y a solicitar la ayuda necesaria cuando no se vean capaces.

7. No robarás

El séptimo mandamiento se formula así: «No robarás» (*Ex* 20, 15; *Mt* 19, 18). En su aspecto positivo defiende el derecho que tiene toda persona a generar, poseer y conservar bienes (propiedad) y el deber que tienen los demás de respetarlos. La propiedad privada es un bien para la sociedad, porque contribuye a la libertad personal, da a las personas más capacidades y contribuye al orden social. Pero el derecho de propiedad no es absoluto. En este mandamiento se recuerda "el destino universal de los bienes" y la responsabilidad social que grava sobre toda propiedad ("hipoteca social"). Dios ha entregado los bienes del mundo a toda la humanidad; de forma que el que posee algunos debe sentirse administrador de ellos; saber que ha de usarlos también en beneficio de los demás, especialmente de los más necesitados; y que un día el Señor le pedirá cuenta de su administración. Por último, recuerda el deber que tiene la sociedad de fomentar el crecimiento y la difusión de la propiedad, para que todos puedan gozar de este bien, que desarrolla la libertad, fomenta el sentido de responsabilidad y es garantía para el futuro.

En su aspecto negativo, el séptimo mandamiento prohíbe todo daño al prójimo en sus bienes (no dar lo debido, robar, estropear); y, por extensión, toda injusticia en materia económica: no pagar lo justo, no trabajar lo acordado, engañar en lo que se vende o en el precio, comprar de forma abusiva.

Con la complejidad de la vida económica, se han multiplicado las formas de robar. En general, toda ganancia injusta debe considerarse un robo: por ejemplo, la competencia desleal; el administrador que se queda con una parte de lo que administra, o que usa los bienes de una sociedad en provecho propio: que concede créditos o hace inversiones en su favor; el que se apropia de bienes que han quedado desamparados; el que cobra comisiones, al comprar o vender, sin conocimiento de la sociedad para la que trabaja; el que pide o acepta sobornos a cambio de un favor. Se llama corrupción a todo favoritismo injusto y cuando se da por pago lo que debería darse por oficio.

También debe considerarse robo cuando un particular no paga los impuestos que le corresponden o no quiere contribuir a las cargas comunes de cualquier sociedad de la que uno se beneficia. La justicia exige en todos los casos devolver lo robado, restituir o compensar por el daño causado.

8. No darás falso testimonio ni mentirás

La Ley pedía a los judíos: «No darás falso testimonio contra tu prójimo» (*Ex* 20, 16). Jesucristo comenta: «Habéis oído que se dijo a los antepasados: "No perjurarás, sino que cumplirás al Señor tus juramentos"; pues yo os digo que no juréis en modo alguno (...), sea vuestro lenguaje "sí, sí" o "no, no", que lo que pasa de aquí viene del Maligno» (*Mt* 5, 33-37).

Este mandamiento protege el valor de la verdad para las relaciones sociales. Especialmente en situaciones graves, cuando hay que acusar o dar fe y se exige juramento; por ejemplo, en los juicios. Entonces es muy grave. Pero también se aplica a la vida ordinaria. El Señor quiere que la palabra de un cristiano valga por sí misma y no necesite ser reforzada con un juramento. Siempre hablamos delante de Dios, que es testigo de nuestras palabras, y no le debemos defraudar. Además, sabemos que «de toda palabra ociosa que hablen los hombres darán cuenta el día del Juicio» (*Mt* 12, 36). El corazón del hombre se muestra y se compromete en lo que habla (cfr. *Mt* 12, 35; 15, 11-18). Dios es siempre fiel a su palabra y el cristiano también debe serlo.

Hay formas de hablar amables ("¡qué bien te encuentro!") o modos de decir ("no estoy en casa") que, porque todo el mundo sabe lo que significan, no deben considerarse una mentira. Hay también derecho a eludir una pregunta inoportuna o injusta (hay muchas cosas que no se pueden revelar a cualquiera[5]).

---

[5] CEC 2488-2492.

Mentira es cuando se afirma o niega algo con intención de engañar[6], por quedar bien, por sacar provecho o por hacer daño; a veces, sólo por el gusto de mentir. La gravedad depende de la mala intención y del daño que la mentira causa. Muchas veces, el daño es pequeño. Sin embargo, las personas honradas sienten gran repugnancia a mentir. Porque cuando una persona habla, abre su corazón y, si miente, lo ensucia.

La verdad es un bien muy grande para la persona. Hay obligación de buscarla para orientar la vida[7]. Especialmente aquellos que deben enseñar o informar a los demás, están obligados a poner los medios para hablar con justicia y verdad. Esto exige esfuerzo por acudir a las fuentes y asegurar la verdad.

Con frecuencia, se dan prejuicios, simpatías o antipatías, que llevan a juzgar a la ligera o a hacer suposiciones falsas sobre los demás, vivos o muertos. Es necesario honestidad, y para comprender a las personas y ser justos también en el juicio que nos hacemos.

La carta de Santiago advierte del mucho daño que se puede hacer con la lengua (*St* 3,1-15). Nadie tiene derecho a pensar mal de los demás, sin suficiente motivo (juicios temerarios): o dañar la buena fama y reputación del prójimo, difundiendo mentiras (calumnias), revelando asuntos privados que deberían permanecer ocultos (difamación) o, sencillamente, hablando mal de él (murmuración)[8]. Se debe denunciar a la autoridad cuando

---

[6] CEC 2482.
[7] CEC 2467.
[8] CEC 2477.

se sabe que alguien causa daños graves a los demás. Pero, en cambio, nadie tiene derecho a revelar sin motivo asuntos privados del prójimo. La justicia exige reparar la fama que se ha dañado injustamente. Porque es un bien al que todo hombre tiene derecho.

9. No consentirás pensamientos ni deseos impuros

En la Ley de Israel se lee: «No desearás la mujer de tu prójimo». Y el Señor advirtió: «Habéis oído que se dijo: "No cometerás adulterio"; pues yo os digo que todo el que mira a una mujer deseándola, ya cometió adulterio con ella en su corazón» (*Mt* 5, 27). Este mandamiento protege la limpieza del corazón, que debe estar lleno de amor a Dios y de amor a los demás. La limpieza de corazón es necesaria para poder "ver a Dios" y para vivir como un hijo de Dios.

La vida sexual tiene su lugar en el matrimonio, donde es santa. Y el amor que se deben los esposos tiene también un componente sexual que refuerza su amor y lo conduce a ser fecundo. Dios lo ha querido así y es bueno. Pero cada cristiano necesita aprender a ordenar la pasión sexual. Porque tiene mucha fuerza y si se desordena, acapara la interioridad, da una visión carnal de la vida y quita el gusto por las cosas de Dios; conduce a las personas a comportamientos indignos, y crea fuertes hábitos difíciles de dominar. Las cuestiones sexuales no son las más importantes de la moral cristiana, pero tienen una gran capacidad para desordenar la vida humana. Por eso y porque atentan contra las fuentes de la vida, los pecados voluntarios y conscientes contra este mandamiento son graves.

El noveno mandamiento prohíbe recrearse en miradas, curiosidades, fantasías o recuerdos eróticos. Prohíbe la difusión y el consumo de pornografía, que excita inútilmente la pasión sexual y desencadena comportamientos inmorales. Con su experiencia, cada persona debe aprender a cuidarse y evitar lo que es para él ocasión de pecado. A esto se le llama "huir de las ocasiones". Además, hay que pedir a Dios humildemente su gracia para vencer las tentaciones, evitar pensar o desear lo que no conviene, y vivir con el corazón puesto en Él y en los demás. Dios premia la lucha por la limpieza de corazón con una gran alegría y capacidad de entrega: «Los limpios de corazón verán a Dios» (*Mt* 5, 8).

10. No codiciarás los bienes ajenos

Se dijo en la ley de Israel: «No codiciarás (...) nada que (...) sea de tu prójimo» (*Ex* 20, 17; cfr. *Dt* 5, 21). Y el Señor advirtió que «donde (...) está tu tesoro, allí estará también tu corazón» (*Mt* 6, 21); y también que «no podéis servir a Dios y al dinero» (*Mt* 6, 24). El cristiano tiene un solo Señor y no quiere que su alma quede dominada por la pasión del dinero, del poder o de la fama. Estos deseos pueden acaparar el corazón humano de tal forma que pasen a ser el fin de la vida, en perjuicio del amor que debemos a Dios y a los demás.

El deseo de bienes, de poder y de fama no es malo en sí mismo, porque son cosas útiles para la vida humana. Pero se pervierte cuando pasan a ocupar el primer lugar, dominando el curso de la existencia. El excesivo amor por los bienes y el dinero deforma el sentido de la vida humana y de su dignidad, quita el gusto por las cosas de Dios, suele ser causa de muchas injusticias y roba la alegría del alma. Es como vender el alma o adorar a los ídolos.

Este mandamiento invita a poner orden en los deseos, dando la prioridad debida al amor a Dios y a los demás. Así protege la libertad interior del cristiano, que es la libertad de amar. Es más fácil que estos deseos se desordenen[9] en personas que trabajan por cuenta propia y que, día a día, han de esforzarse por ganar, como puede suceder en el comercio, en la empresa, y en muchas profesiones liberales (abogados, médicos). También en la vida política, donde es necesario llegar o mantener el poder. Deben tener cuidado para que el empeño legítimo que ponen en mejorar o en subir no se convierta en el motivo de su vida y, por tanto, en un vicio. Logran vivir el orden debido cuando saben dar a Dios y al prójimo (su familia, los demás, los más necesitados) el lugar que merecen en sus vidas.

En particular, este mandamiento prohíbe la envidia[10]. La envidia es la tristeza que se produce por comparación, al ver los bienes que otros tienen. Hay una emulación buena, cuando, al ver lo que otros hacen, se siente el estímulo de trabajar más y mejor. Pero hay una envidia mala, que produce tristeza y desánimo o amargura. Y hay una envidia más perversa que produce rencor y lleva a desear (o a procurar) el mal para el prójimo al que envidiamos. Es pecado grave desear un daño grave.

---

[9] CEC 2537.
[10] CEC 2538-2539.

EPÍLOGO:
LA MORAL CRISTIANA COMO CAMINO

> «*Ya no vivo yo, sino que es Cristo quien vive en mí. Y la vida que ahora vivo en la carne, la vivo en la fe del Hijo de Dios, que me amó y se entregó por mí*» (Ga 2,20).

> «*Cristo es el centro de la vida cristiana. El vínculo con Él es lo que permite a los cristianos vivir moralmente*» (CEC 1698).

La moral cristiana consiste en seguir las enseñanzas, los ejemplos y la vida de Jesucristo. Lo hemos dicho al principio. Para contrastarla conviene repasar rápidamente otros modelos importantes de moral.

1. MODELOS DE MORAL

A. Todas las sociedades antiguas han tenido códigos de conducta, mejor o peor formulados en leyes, que servían para educar a los jóvenes y convertirlos en miembros adultos. Estos códigos nacieron con la experiencia, compartieron bastante unos con otros; y, en general, tenían algún refrendo o referencia religiosa. Es una aportación venerable de la sabiduría humana, aunque tenga sus límites.

B. En Sócrates, padre de la filosofía, nos encontramos algo nuevo: una ética filosófica concebida como un ideal de vida para los que querían ser filósofos y llevar una "vida filosófica". Ese ideal consistía en vivir por encima de las pasiones para poder dedicarse a la sabiduría. La tradición filosófica posterior recogió el aspecto especulativo sobre el estudio de la conducta humana, pero, en cambio, no recogió el impulso ascético de vivir por encima de las pasiones. Después, en esa tradición, se han formulado muchos importantes sistemas éticos. La ética se convirtió en una asignatura clásica del plan de estudios de filosofía, más centrada en estudiar el fenómeno ético en abstracto y los sistemas éticos, que en proponer modelos de conducta que puedan guiar realmente a las personas. Curiosamente ese aspecto práctico (con el ideal de vivir por encima de las pasiones), que estaba en el inicio, ha quedado fuera de la enseñanza de la ética.

C. La Ley de Israel, que se contiene en la Biblia, tiene un origen y tradición muy distinto. Israel se sabe el pueblo de la Alianza; es decir, de una Alianza con Dios (Antiguo Testamento). Como parte de esa Alianza, Dios propuso unas normas de conducta de muchos tipos: morales (diez mandamientos), rituales (fiestas, ofrendas purificaciones...), y de comportamiento en la vida ordinaria (comidas, guarda del sábado, etc.). En ese contexto, aparece un personaje característico, que es "el justo", la persona que, por amor de Dios, cumple devota y minuciosamente la Ley con todos sus preceptos (*mitzvot*), que según el Talmud babilónico son 613: 365 negativos y 248 positivos. Aunque muchos preceptos coinciden con otras culturas y religiones, y con planteamientos éticos, la moral judía tiene de propio que se vive delante de Dios, con el deseo devoto de agradarle, y en el horizonte de la Alianza. Algunos de estos rasgos los recibirá mucho más tarde la tradición musulmana, aunque con un sistema de preceptos más reducidos y distintos. La sabiduría judía y la labor de sus rabinos se centra en cómo vivir adecuadamente los preceptos de la ley.

D. La moral cristiana nace de los Evangelios. Sigue a Jesucristo como Maestro, Modelo y principio de vida. En él entronca con la moral bíblica. Pero se centra en Cristo. Él mismo dijo «yo soy el camino, la verdad y la vida, nadie viene al Padre sino por mí» (*Jn* 14, 16). El cristiano aprende de su enseñanza. Por ejemplo, en el Sermón de la Montaña le imita en su manera de ser (misericordia, obediencia al Padre, humildad, oración, dedicación y servicio, entrega), y se sabe alentado y transformado por su Espíritu Santo. El cristiano ha renacido en Cristo para vivir como hijo de Dios, señaladamente, el doble mandamiento del amor. La conducta cristiana se resume en amar a Dios Padre en el Hijo (y obedecerle) y al prójimo como Cristo amó, todo con la inspiración y la ayuda del Espíritu Santo.

2. LO PROPIO DE LA MORAL CRISTIANA

Se ha discutido mucho en el siglo XX sobre lo específico de la moral cristiana. En abstracto y hablando de conclusiones prácticas puede no apreciarse mucha diferencia. Sobre todo, porque, cuando se comparan los mandatos y prohibiciones cristianas con los de otras culturas se encuentran muchos paralelos en los mandamientos negativos (no matarás, no mentirás, no robarás) y en los deberes de justicia (honrarás a tus padres, etc.). Y lo mismo sucede cuando se compara con las filosofías ilustradas de los siglos XVII y XVIII que pretendían basarse en la pura razón, pero nacieron en el marco cultural cristiano, y sus principios parecían racionalmente obvios. Hoy ya no sucede así.

En comparación con los códigos morales antiguos y los de la sabiduría filosófica, la moral cristiana (como la judía tradicional) tiene una fuerte dimensión religiosa y se vive delante de Dios, al que se refieren los mandamientos positivos (amar, respetar y dar culto al Dios verdadero). La idea tan clara de Dios configura toda la moral judía y cristiana.

Además, la moral cristiana es trinitaria. Esto es distintivo y también la aparta del judaísmo. Se vive como participación de la vida trinitaria del Hijo, en amor ofrecido al Padre, con el impulso del Espíritu Santo. Es realmente este el modo propio y pleno de vivirlo.

Al exponer estas cuatro posiciones morales, hemos ido ascendiendo a la altura en que realmente está la moral cristiana. Pero también podemos descender, porque, esa moral se vive, de hecho, en distintos grados de realización y, por eso mismo, se puede entender de distinta manera. Los cristianos viven y piensan su moral, de hecho, de diversa manera.

— Puede uno proponerse explícitamente cumplir los mandamientos, como código moral ideal de referencia. A veces, con piedad, como el justo judío, pero otras, sin tanto sentido religioso. Casi reduciendo el mensaje moral cristiano a las costumbres establecidas y tradicionales de una sociedad.

— En otros casos, se reduce la moral a los preceptos negativos: "no pecar". Y se intenta no pecar (o confesarse oportunamente) teniendo como horizonte el castigo de Dios. Esta postura deforma mucho la moral cristiana, pero ha tenido un peso histórico bastante grande.

— También se ha dado, aunque es más minoritario, que alguien se guíe por los principios éticos cristianos, sobre todo, el amor al prójimo y la justicia, como mensaje abstracto o teoría, sin su dimensión religiosa trinitaria. Buscan la honradez y la justicia. Con las dificultades que tiene esto, teniendo presente la doctrina cristiana del pecado original, es decir de la falla y la debilidad humanas en el comportamiento. Y la necesidad que se tiene de la ayuda de Dios.

3. La doctrina moral en la historia

La antigüedad cristiana vivió siguiendo las enseñanzas del Señor, imitando su ejemplo y con la fuerza de su Espíritu. Lo hemos visto en ese hermoso y antiguo documento cristiano, la *Didaché*.

La sistematización teórica de la moral cristiana se produjo mucho más tarde, por la necesidad de formar a los confesores para distinguir los pecados e imponer las debidas penas. De ahí nacen las antiguas listas de pecados que se remontan hasta finales del primer milenio.

Cuando a santo Tomás le pidieron revisar esa doctrina, la puso en un marco teológico mucho más amplio en la segunda parte de la *Suma Teológica*. Y consideró el fin de la vida humana, la naturaleza del acto voluntario, con sus principios y su desarrollo en todas las virtudes. En cada virtud, explica su naturaleza, sus actos propios, sus pecados y su relación con los dones del Espíritu Santo.

Por su importancia para valorar la responsabilidad moral de los actos, se estudió después con mucho detenimiento el acto libre y sus condiciones. Al estar dirigida principalmente a la formación de sacerdotes y de confesores, la enseñanza se centró en los principios para juzgar la moralidad de los actos. Y en las dificultades que pueden surgir en el juicio moral.

A eso se añadió la sistematización de la ley moral (obligaciones y pecados). Se desarrolló mucho y muy sabiamente el tratado de la justicia, que es la parte más amplia del obrar moral, y donde se puede decir que confluye la sabiduría moral de la humanidad y también la ética racional.

En el siglo xx, se replanteó completamente cómo presentar la moral cristiana. De acuerdo con sus principios e intentando reconstruir toda la moral. También se planteó la pregunta que hemos visto antes: ¿en qué se distingue la moral cristiana? Se trabajó en incorporar la doctrina de la Escritura y de la tradición cristiana. Y recuperar el que la moral estuviera centrada en Cristo (en el seguimiento e imitación de Cristo).

Con todo, el peso histórico es tan grande que las materias de moral siguen más centradas en conocer en abstracto sus principios y mandatos —cómo es, en general, la moral cristiana— que en proponerla como forma de vida. Dejan el aspecto práctico y vital para las asignaturas de espiritualidad o para la catequesis.

4. Conclusión

Concebir la moral como camino es volver al primer planteamiento, muy necesario de cara a la evangelización. Es preciso subrayar su dimensión religiosa y trinitaria. Se trata de vivir delante de Dios y, más todavía, de vivir en Cristo. Esto entronca directamente con la doctrina espiritual de la Iglesia y la experiencia de la santidad.

La moral cristiana se resume vitalmente en el corazón de Cristo con sus dos grandes amores, en los que el cristiano ha de participar por la fuerza del Espíritu Santo. Una moral centrada en los pecados queda muy pobre. Una moral centrada en los principios éticos o en la justicia también. Como puso de manifiesto tan felizmente Romano Guardini, la esencia del cristianismo es Jesucristo. La esencia de la moral cristiana también. No un conjunto de ideas sino una persona en la cual se vive.

«Preparad el camino del Señor»
(Mt 3, 3; cfr. Is 40, 3)

ESTE LIBRO, PUBLICADO POR
EDICIONES RIALP, S. A.,
MANUEL URIBE, 13-15, 28033 MADRID,
SE TERMINÓ DE IMPRIMIR EN
ANZOS, S. L., FUENLABRADA (MADRID),
EL DÍA 14 DE ENERO DE 2026.